Nicolás Mora

El creador del monismo espiritualista

Una propuesta de refundación política

QUE SE VAYAN TODOS

TODOS¡¡¡¡

Para cambiar de raíz el sistema de representación política….

"Sistema político apto para todos los países del mundo"

Como hemos expuesto en el presente trabajo, los bordes de máxima relevancia del sistema político propuesto son:

Se elegirá un presidente (y pocos cargos más).

La Administración (Poder Ejecutivo) será llevada a cabo por una mega consultora (empresa privada), la Consultora Ejecutiva, la cual será dirigida por el presidente, dentro del marco de acción que defina el Congreso Nacional (solo diputados).

Se creará un Órgano de Gestión Ejecutiva, el cual gestionara el vínculo entre el Presidente de la Nación y la Consultora Ejecutiva

El Poder Ejecutivo, en su totalidad, será auditado por la Auditoría Nacional, el cual será un órgano político electivo.

El congreso Nacional estará formado por todos los ciudadanos (mayores de edad y con primaria aprobada). Se trata de un modelo de Democracia Directa

Se reunirá de manera online (por zoom o sistema del tipo).

La gestión administrativa del Poder Legislativo será llevada a cabo por una mega consultora (empresa privada), la Consultora Legislativa, la cual será dirigida por el OGL, órgano de Gestión Legislativa, dentro del marco de acción que defina el Congreso Nacional (solo diputados).

Se creará un Órgano de Gestión Legislativa, el cual acompañará la gestión de todas las tramitaciones asociadas a la creación de las normas. Este órgano será un órgano político y estará constituido por un único representante de cada partido político.

El Poder Legislativo, en su totalidad, será auditado por la Auditoría Nacional, el cual será un órgano político electivo.

El Poder Judicial será prestado por una consultora privada. La Consultora Judicial. Bajo la dirección de un órgano de gestión judicial

La Corte Suprema de Justicia será el máximo órgano del Poder Judicial

El sistema judicial, en su totalidad será auditado por la Audiencia Nacional, el cual será un órgano político electivo.

Los integrantes de la Corte Suprema serán elegidos por el Congreso Nacional.

Todas las Mega Consultoras actuantes en función de gobierno cobraran por sus servicios. Les pagará el Estado Nacional con cargo al presupuesto Nacional

Los candidatos a cargos electivos deberán estar técnicamente formados para la ejecución de las tareas para que son electos

Ningún organismo político, ni ningún político en ejercicio, con cargo electivo nacional, podrá contratar asesores ni servicios de consultoría

La Auditoría Nacional será, a su vez, auditada por la Auditoría Mayor

La Auditoría Mayor operará en el marco de la ONU.

La Auditoria Mayor podrá ser entronada o destronada, exclusivamente por el Congreso Nacional en pleno (el conjunto de los ciudadanos)

Libro de Ingeniería Política

La pequeña biblia de Nicky Mora

Nicolás Mora
El creador del monismo espiritualista

Equipo de autoría y producción:

Autor

Ing Nicolas Mora Prado, MSc

Corrección, apresto final, traducción y tratamiento estético

Prof Delfina Elena Mora Cartier

Tratamiento informático y posicionamiento on-line

Analista Facundo Rico

Retiro de tapa

Un "satori" es un "momento de presencia total". Es un hecho de comprensión ilimitada y consistencia multiplanar. El producto de un satori se puede concretar en una intuición de muy alta complejidad y de concepción multifacética. Así, en 1989 y en la Patagonia Argentina, nació la Teoría Espiritual Pura del Ser Humano, la cual se asentó en una marco filosófico nuevo, surgido del mismo hecho creativo: El Monismo Espiritualista.

. Los pilares conceptuales fundamentales del Monismo Espiritualista son: 1.-Condición espiritual del ser humano. 2.-Omnipresencia de Dios como única entidad real. 3.-inexistencia ontológica de la materia por potencialidad certera de subsumisión en masa equivalente de antimateria. 4.- La lucha contra la fuerza de gravedad como motor de la historia.5.-Ser lo más bueno posible como objetivo de la vida (El Juego Divino).

Sobre esta base filosófica del Monismo Espiritualista, en este trabajo, el autor plasma una mirada , que pretende ser omnicomprensiva, a partir de la cual construye un tenue esbozo de cómo sería ese mentado "mundo mejor" y que es lo que tendríamos que hacer,los seres humanos, para intentar concretarlo.

En línea con el derrotero impulsado por Nicky Mora, vamos buscando iluminar un camino de posibilidades para llegar a concretar el bellísimo sueño del autor: Hacer un nuevo mundo, en el cual, todos los seres humanos seamos felices. Y seamos superbuenos. Y nos quiéramos intensamente los unos a los otros.

Que seamos plenamente conscientes, de las cuestiones fundamentales…. de que "somos un espíritu"…. de que "usamos nuestro cuerpo físico"….de que "la muerte no existe", porque lo que se muere es el cuerpo físico pero nosotros seguimos perfectamente vivos y plenamente conscientes, en estado espiritual puro….de que "la edad máxima que podemos tener es de 23 años", ya que a partir de allí lo que se envejece es exclusivamente el cuerpo físico…. de que "en el amor de pareja, lo que se enamoran son los espíritus, no son los cuerpos físicos"….

Que seamos plenamente conscientes también de otras cuestiones sumamente importantes…. de que "si somos ciudadanos de un país subdesarrollado, es imprescindible que nos desarrollemos industrialmente, con impulso prioritario a las industrias pesadas (acero, petroquímica, química pesada y papel prensa), para dejar de ser subdesarrollados"….de que debemos impulsar la transición energética para lograr salvar nuestro planeta….de que, dentro de la transición energética debemos impulsar el uso masivo de la EGTmbt, la energía geotérmica de muy baja temperatura, como la energía ecológica de uso absolutamente óptimo.

Que seamos plenamente conscientes también de ciertas cuestiones de planeamiento económico y social, cuyo tratamiento nos permitirá mejorar enormemente la calidad de vida de toda la humanidad, como por ejemplo la implementación de la RBA, Renta Básica Asegurada, para el bien de las familias (asegurar su subsistencia), para el bien de las empresas (para contar con demanda efectiva y así poder ganar dinero) y para el bien de los gobiernos (cobrar más impuestos). Como también la implementación de mercados locales con uso de monedas complementarias de manejo privado, del tipo del SAVI (Sistema de Agregación de Valor Inducido)

Que seamos plenamente conscientes también de la importancia de que salvemos nuestras religiones, como instrumentos esenciales a la hora de poder esperar con optimismo el porvenir

De eso te estamos convocando a conversar . Para ponernos a actuar.

Ya mismo.

Es posible el cambio a una situación mejor.

Todo está en nuestras manos. Todo está en nuestras manos. Gracias a Diosiiiiiiii

En un mundo cada vez más complejo y desorientado, la política sigue siendo el motor que impulsa a las sociedades hacia el progreso o las sumerge en la decadencia. Este libro propone un análisis ágil, y abarcativo de los problemas estructurales y coyunturales que aquejan a los sistemas políticos contemporáneos, con un enfoque especial en la realidad de los países de raíz hispánica.

En este marco el autor propone repensar la política, elaborando un diagnóstico, proponiendo soluciones y diseñando los grandes trazos para un Nuevo Sistema Político.

Este sistema supone la más rompedora de las implementaciones del Contrato Social de Rousseau, intentadas hasta el presente.

Proponiendo una implementación, absolutamente realista, de "democracia directa". Una utilización masiva y auditada de la actividad privada en la gestión pública. Todo encuadrado en el consistente marco del Monismo Espiritualista.

En síntesis. Una excelente propuesta para mirar con optimismo el porvenir

Nicolás Mora Prado
El creador del Monismo Espiritualista

"Hay que cuidar a los pobres, que los ricos se cuidan solos"

INDICE

1.   Introducción

El "que se vayan todos" fue la manifestación de hartazgo de una sociedad maltratada por un conjunto de políticos cebados en su despreocupación por hacerles daño.

Eso paso en la Argentina en el año 2001

La situación hoy sigue igual.

Los políticos son como un conjunto de seres humanos inmerso en un marco operativo afectado por un síndrome sociológico: La ausencia de amor nacional en los individuos que ejercen la política de manera profesional.

Sin embargo se debe aclarar, desde ya, que la ausencia de amor nacional, no es un problema que sea exclusivo de los políticos. La falta de amor nacional es un síndrome que condiciona la suerte de todos los integrantes en algunas sociedades. En esas sociedades enfermas, entre sus miembros, "no hay amor nacional".

Esas sociedades es como si tuvieran bloqueadas sus posibilidades de llegar a ser Nación.

Esa enfermedad social es el "Síndrome del Desamor Nacional"

En este punto cabe destacar que las sociedades que sufren el Desamor Nacional tienen un enorme problema con el ejercicio de las acciones políticas.

Las personas pertenecientes a sociedades afectadas por el síndrome del desamor nacional, al ingresar al campo de la política tienen enormes posibilidades de convertirse en "corruptos".

La condición de corruptos, en ejercicio o en potencia, afecta a la generalidad de los políticos actuantes en el marco de sociedades laceradas por el síndrome del Desamor Nacional

Las sociedades afectadas por el síndrome del desamor nacional tiene comportamientos típicos del tipo que se detallan:

- Las personas de las clases medias desprecian a sus compatriotas humildes.
- Las personas de las clases medias y altas son chupamedias obcecados de los extranjeros poderosos. Sobre todo de los norteamericanos o de los de Europa Occidental.
- Las personas de las clases altas ignoran a sus compatriotas humildes. Les prestan una consideración similar que si se tratase de animales de compañía o de animales de trabajo

- Los políticos de las sociedades con el síndrome del desamor nacional, son terriblemente mentirosos en su trato con la sociedad en general. No les da vergüenza engañar a sus compatriotas

Un tema fundamental a introducir en este trabajo es "los políticos y la corrupción en el seno de las sociedades con síndrome del desamor nacional".

Pregunta: Por qué los políticos en especial?

Respuesta: Porque los políticos componen el caso de máxima relevancia sistémica.

Entre los motivos de lo expuesto podemos mencionar:

- Porque los políticos desempeñan un rol social, para el ejercicio del cual, es rigurosamente imprescindible tener alta capacidad de amor por el prójimo. "Querer a sus conciudadanos" es absolutamente imprescindible
- Porque, en la mayoría de los casos, los políticos tienen alta capacidad de disposición sobre dinero (y otros bienes) que no son suyos

Los políticos, en general, disponen de facilidades para apropiarse de las cosas comunes. De las cosas que son de propiedad común. Que son de todos los conciudadanos.

Resulta ser que como ellos no se sienten unidos a sus conciudadanos por cuestiones vinculadas con el amor. Ellos no sienten pena al hacerles daño. Por eso mismo ellos perciben que pueden quedarse con esos bienes. Para disfrutarlos ellos mismos. Junto a sus seres queridos. Junto a sus familias

Esa es la sistemia social, de la mecánica de la impunidad, en el marco de las sociedades afectadas por el síndrome del desamor nacional.

Para esos políticos, "no hay compatriotas". Hay solo, a lo sumo, "conciudadanos". No comparten el amor. Comparten, tan solo, el mismo espacio administrativo.

Por eso a esos políticos no les da vergüenza robar del erario público.

A esos políticos (salvo excepciones, que seguramente las habrá) solo les preocupan cosas muy específicas, cosas fundamentalmente personales.

A esos políticos básicamente les preocupa:

- Dar una vida confortable, a sí mismo y a su propia familia.
- Ser leal con sus compañeros de partido político.
- Ser respetuoso y honrar a sus compromisos de casta política. A sus compromisos con los demás políticos. Esta es la línea de reflexión de un político en las sociedades enfermas: "si todos roban yo también debo

robar. De lo contrario estoy traicionando el marco consuetudinario de mis compañeros políticos"

- Las lealtades de casta, los políticos las honran no solo para con sus compañeros del mismo partido político sino con los políticos de los otros partidos también.

Todo esto nos ha impulsado a concretar una mirada abarcativa sobre la realidad

Y así fue que percibimos, en el vasto entramado de la política mundial contemporánea, que los desafíos a los que se enfrentan los sistemas de gobierno y las sociedades son tan complejos como diversos. Desde el subdesarrollo que asola a gran parte del mundo hasta la pérdida de confianza en las instituciones políticas, lo que hace que la estabilidad y eficacia de los gobiernos estén constantemente bajo escrutinio. Este libro nace de la necesidad de comprender y proponer soluciones a estos problemas que no solo afectan a la política en sí misma, sino que también repercuten profundamente en la vida diaria de los ciudadanos.

A lo largo de la historia, la filosofía y la teoría política han brindado marcos de referencia cruciales para entender y articular la organización de las sociedades. Los grandes pensadores como Jean-Jacques Rousseau y Montesquieu han dejado legados fundamentales que aún resuenan en el análisis político moderno. En este contexto, el Capítulo 2 aborda estos marcos teóricos, explorando cómo sus ideas sobre el contrato social y la división de poderes siguen siendo pilares en la estructuración de los sistemas políticos actuales.

Sin embargo, no basta con comprender la teoría. Es vital examinar cómo estos conceptos se aplican y se desarrollan en la práctica. En el Capítulo 3, se presenta un análisis detallado del estado actual de la política global, centrándose en problemas específicos que afectan a diversas regiones, con un enfoque particular en los países de raíz hispánica. Se exploran cuestiones como el impacto del subdesarrollo, la influencia corrosiva de la leyenda negra española en la identidad nacional, y la creciente desmotivación de los políticos que se ha visto reflejada en la calidad decreciente del liderazgo y la administración pública. También se abordan fenómenos que erosionan la participación ciudadana y la eficacia de los sistemas democráticos, como el desinterés por la política y la falta de mecanismos efectivos para responsabilizar a los partidos políticos por sus acciones.

Ante este panorama, surge la pregunta inevitable: ¿cómo podemos construir sistemas políticos más robustos y eficaces? El Capítulo 4 está dedicado a la propuesta de un nuevo sistema político que pretende enfrentar estos desafíos de manera innovadora. Este modelo sugiere una reconfiguración de los poderes legislativo, ejecutivo y judicial, incorporando mecanismos de auditoría continua para garantizar la transparencia y la eficiencia en la gobernanza. Además, se propone la creación de componentes administrativos gestionados por consultoras (entidades privadas), con el objetivo de aportar una visión fresca y eficiente en la gestión pública.

A medida que avanzamos hacia las Conclusiones en el Capítulo 5, se sintetizan las ventajas esperadas de este nuevo sistema y se ofrecen reflexiones sobre su implementación y su potencial para transformar la política contemporánea.

Este libro no solo es un recorrido teórico y práctico por los principales problemas que aquejan a los sistemas políticos actuales, sino también una llamada a la acción. Es una invitación a repensar cómo los gobiernos pueden mejorarse para servir más eficazmente a sus ciudadanos, y cómo los ciudadanos pueden implicarse más activamente en la construcción de sociedades justas y funcionales. Con una combinación de análisis profundo y propuestas concretas, este trabajo busca contribuir al diálogo global sobre la evolución y el futuro de la política en el siglo XXI.

Por último, pienso que esta introducción la debemos cerrar con la manifestación certera de una esperanza: El amor siempre trata de abrirse paso.

Y eso ocurre aun también en las sociedades enfermas. El amor trata de nacer. El amor nacional trata de nacer.

Y ese amor nacional toma la forma que las circunstancias le van permitiendo.

Valga como ejemplo la Argentina.

La Argentina sufre el síndrome del desamor nacional. Y precisamente por este problema del desamor nacional es que a la Argentina le está costando muchísimo constituirse en Nación.

Sin embargo hay cuestiones que pueden habilitar la esperanza de que la Argentina llegue a convertirse en Nación.

Hay cuestiones simbólicas a las que los argentinos se unen casi con desesperación. Entre ellas, para bien o para mal, la selección Nacional de futbol es la más importante.

La selección nacional de futbol es el símbolo y la promesa de amor de la Nación Argentina.

Por eso todos. Absolutamente todos. La tenemos en el centro de nuestro corazón.

Por eso todos lo queremos tanto a Messi. Por eso todos lo queremos tanto al Dibu. Por eso todos lo queremos tanto a Diego.

Comentario. Acá va una promesa a todos los seres humanos, suscripta por este autor: El presente es un trabajo de Ingeniería política, con el cual se terminarán los políticos corruptos.

Aquí se presenta un sistema de representación política absolutamente nuevo, a través del cual se da una nueva instrumentación al Contrato Social de Rousseau. Manteniendo incólume la división de poderes de Montesquieu

Cabe resaltar que este sistema político se asienta en dos bazas fundamentales:

- Utiliza los recursos de internet y de la inteligencia artificial para concretar una implementación de "democracia directa". Congreso Nacional (solo diputados) constituido por la totalidad de los ciudadanos, mujeres y hombres, mayores de edad, con educación primaria (como mínimo). Las sesiones del congreso se harán vía zoom (o sistema similar)
- Utiliza empresas privadas para proveer el servicio técnico y administrativo a los tres poderes. Consultora Ejecutiva: Administración nacional (Poder Ejecutivo). Consultora Legislativa: Provisión de leyes (Poder Legislativo). Consultora Judicial. Servicio de provisión de justicia (Poder Judicial). Las consultoras actuantes operarán dentro de lo que la Nación disponga según lo exprese en el Congreso Nacional, formado por todos los ciudadanos mayores de edad con educación primaria (como mínimo)

Por último debemos decir que este libro contiene una propuesta realista, suficiente y poderosa. Asentada en la posición filosófica del Monismo Espiritualista, como fuente esclarecedora que permite la comprensión y evaluación de nuestra realidad, como marco para la construcción de un plan de acción integral , pertinente y consistente y como inductor, promotor, generador y colimador de las actuaciones que nos permitan construir un mundo mejor.

2. Marco teórico

2.1. Marco filosófico

Creo que es bueno empezar todo esto con un pequeña recorrida sobre algunos conceptos esenciales.

Con respecto a las cuestiones absolutamente básicas, fundamentales, como por ejemplo, que es el ser humano, como se creó el mundo, que es la vida, para que vivimos o cual es el motor de la historia.

Todo este basamento esencial lo cooptaremos del consistente marco filosófico del que nos provee el Monismo Espiritualista

Así es. Para estos temas de máxima importancia, derivo a mis lectores directamente al libro "Teoría Pura del Ser Humano" donde desarrollo el marco filosófico fundamental de la existencia humana. A este marco filosófico lo he bautizado "Monismo Espiritualista".

La internalización de la teoría del monismo espiritualista, en todos los seres humanos, a nivel global, supondrá un mejoramiento sustantivo en las posibilidades del ser humano, de alcanzar el objetivo, bellísimo y legítimo, de vivir, simplemente, feliz.

La implementación de un marco paradigmático asentado sobre el espacio filosófico definido por el Monismo Espiritualista, permitirá abruptas mejoras en el tratamiento de los puntos esenciales que se detallan:

Satisfacción integral propia, de uno mismo, como individuo. Esto involucra no solo la satisfacción en las áreas del tratamiento de las necesidades físicas y espirituales, sino , fundamentalmente, la consolidación de los bienes fundamentales: la libertad y la seguridad.

Además, obtendremos el bellísimo objetivo de, aparte de lograr la felicidad propia, proveer solidariamente a la satisfacción integral de las necesidades de todos los seres humanos que componen nuestro entorno de vida.

Es así que proveeremos a:

- Satisfacción integral de la Nación a la que uno pertenece
- Satisfacción integral de la Humanidad en su conjunto

Apoyémonos un instante en la cita desencadenante de Alejandro Dolina: "En el paradigma vigente, la crueldad compone un elemento glamoroso. Eso significa un retroceso". Donde el creador del Angel Gris habla de "retroceso", creo que podríamos introducir una pequeña reflexión: "existe una cuestión de bloqueo darwinista en la evolución del ser humano como sociedad".

Este marco paradigmático es lo que hay que cambiar.

Valga el ejemplo traído a colación como muestra de la globalidad de la problemática a tratar. Hay que cambiar integralmente el modelo. Hay que cambiar el marco paradigmático. Hay que encuadrar la sistemia de los acontecimientos, en el consistente marco del Monismo Espiritualista.

Pues bien, concretado lo anterior, pasamos a la convocatoria a la acción.

Es necesario resaltar que el presente trabajo constituye el componente político de un Plan de Acción Global, de tipo omniabarcativo, actualmente en proceso de elaboración

En el Plan de Acción Global los actores serán los diferentes agentes institucionales, con roles relevantes en la realidad. Familias, gobiernos, escuelas, colegios, universidades, ONGs, empresas privadas, seres humanos. Toda la humanidad, en pleno, actuando de manera mancomunada. En pos del más grande de los objetivos: Que los seres humanos. Todos los seres humanos. Logremos ser, esencial e integralmente, FELICES

Por supuesto que lo expuesto compone un sueño. Pero es decisión nuestra transformar ese sueño en un objetivo concreto. Un objetivo bellisimo, poderoso, suficiente, realista y consistente.

Hacia allí vamos. Estamos a punto de arrancar con el cambio.

Hacia allí vamos…. Gracias a Dios¡¡¡¡¡¡¡¡

2.2. *Marco teórico político fundamental*

El marco teórico fundamental para la organización política de los seres humanos, posee sus asientos fundamentales en:

- El contrato social de Rousseau
- La división de poderes de Montesquieu

2.2.1 El contrato social de Rousseau

Jean-Jacques Rousseau, en su influyente obra "El contrato social" (1762), presenta una visión innovadora de la organización política y social, desafiando las ideas prevalecientes de su tiempo. A continuación, se exploran los conceptos clave y la relevancia del "Contrato Social" de Rousseau:

2.2.1.1 *Contexto Histórico y Filosófico*

En el siglo XVIII, las monarquías absolutas y las jerarquías sociales rígidas predominaban en Europa. Rousseau se propuso formular una teoría política que abogara por la igualdad y la libertad, contraria a la dominación de los reyes y la nobleza.

2.2.1.2 *La Idea del Contrato Social*

Rousseau propone que la sociedad se basa en un **contrato social**, un acuerdo implícito entre los individuos para formar una comunidad política. A diferencia de otros filósofos como Hobbes y Locke, que también trataron sobre el contrato social, Rousseau enfatiza la igualdad y la participación activa de todos los miembros en la creación de las leyes.

2.2.1.3 *Conceptos Clave del Contrato Social*
La Voluntad General

- **Definición**: La voluntad general es la voluntad colectiva de todos los ciudadanos que busca el bien común. No se trata de la suma de las voluntades individuales (lo que Rousseau llama "voluntad de todos"), sino de una voluntad que refleja el interés común y que todos deben seguir.
- **Implicaciones**: La ley debe ser una expresión de la voluntad general, y cada ciudadano, al obedecer la ley, obedece su propia voluntad. Esto crea un vínculo entre la libertad individual y la obediencia a las leyes.

La Soberanía Popular

- **Definición**: La soberanía reside en el pueblo y es indivisible e inalienable. Esto significa que el poder político legítimo no puede ser transferido ni dividido.
- **Implicaciones**: El pueblo, como titular de la soberanía, debe participar directamente en la creación de las leyes y no puede delegar esta autoridad a

ningún grupo o individuo. Rousseau aboga por una democracia directa, donde los ciudadanos tomen decisiones de forma conjunta.

La Libertad y la Igualdad

- **Libertad**: Rousseau sostiene que la verdadera libertad se encuentra en la obediencia a una ley que uno mismo se ha impuesto. En una sociedad justa, las leyes reflejan la voluntad general, y al seguirlas, los individuos no están sujetos a la voluntad arbitraria de otros.
- **Igualdad**: La igualdad es fundamental en el contrato social. Rousseau argumenta que las desigualdades económicas y sociales son perjudiciales para la comunidad y deben ser limitadas para mantener la justicia y la cohesión social.

El Estado de Naturaleza

Rousseau describe el estado de naturaleza como una condición en la que los individuos viven en libertad e igualdad, sin la influencia corruptora de la sociedad. Sin embargo, reconoce que esta libertad natural es insegura y que el desarrollo de la propiedad privada y las instituciones sociales ha llevado a la desigualdad y la opresión.

El Pacto Social

Para superar los problemas del estado de naturaleza y las injusticias de la sociedad civil, Rousseau propone el **pacto social**, en el que los individuos acuerdan unirse en una comunidad política bajo la voluntad general. Este pacto establece las bases de una sociedad donde cada persona, al someterse a la autoridad común, se convierte en parte del soberano colectivo.

Gobierno y Legislación

- **Gobierno**: El gobierno es el ejecutor de las leyes y debe estar subordinado a la voluntad general. Rousseau distingue entre el soberano (el pueblo como legislador) y el gobierno (el cuerpo administrativo encargado de ejecutar las leyes).
- **Legislación**: Las leyes deben ser generales y aplicables a todos, reflejando la voluntad general. Rousseau desconfía de las leyes particulares que benefician a grupos específicos a expensas de la comunidad.

Críticas y Limitaciones

- **Idealismo**: La visión de Rousseau de la democracia directa y la participación continua de todos los ciudadanos es vista como idealista e impracticable en sociedades grandes y complejas.
- **Voluntad General**: La interpretación de la voluntad general puede ser problemática y subjetiva, y existe el riesgo de que un grupo dominante la manipule para justificar su poder.

- **Libertad y Coerción**: La idea de que la verdadera libertad reside en la obediencia a la voluntad general ha sido criticada por parecer contradictoria y por abrir la puerta a la coerción en nombre del bien común.

Influencia y Legado

El "Contrato Social" de Rousseau ha tenido un impacto profundo en la teoría política y en los movimientos revolucionarios:

- **Revolución Francesa**: Los principios de libertad, igualdad y soberanía popular de Rousseau inspiraron a los líderes revolucionarios.
- **Democracias Modernas**: Sus ideas han influido en el desarrollo de las democracias participativas y en la teoría de la legitimidad del poder político basado en la voluntad del pueblo.
- **Pensamiento Político**: Rousseau ha sido una figura clave en el pensamiento republicano y socialista, influyendo en debates sobre justicia social y la naturaleza de la verdadera libertad.

Conclusión

El "Contrato Social" de Rousseau sigue siendo una obra fundamental en la filosofía política. Aunque sus ideas pueden parecer idealistas y desafiantes en la práctica, plantean cuestiones cruciales sobre la legitimidad del poder, la justicia y la participación ciudadana que siguen siendo relevantes en el mundo contemporáneo.

2.2.2 La división de poderes de Montesquieu

Montesquieu, en su obra fundamental "El espíritu de las leyes" (1748), formuló la teoría de la separación de poderes, un concepto central en la estructura de las democracias modernas. Su idea principal es que para prevenir el abuso de poder, es esencial dividir el gobierno en ramas distintas e independientes. Esto aseguraría un sistema de pesos y contrapesos que limitaría las capacidades de cualquier rama para dominar a las otras. Veamos en detalle cada uno de estos poderes:

2.2.2.1 Poder Legislativo:

El Poder Legislativo es responsable de la creación de las leyes. Según Montesquieu, esta función debe estar en manos de un órgano que represente a los ciudadanos y que sea independiente de los otros poderes. En la práctica moderna, este poder suele estar representado por parlamentos o congresos bicamerales, como el Senado y la Cámara de Representantes en muchos países.

2.2.2.2 Poder Ejecutivo:

El Poder Ejecutivo es el encargado de la implementación y administración de las leyes. Este poder se manifiesta a través del jefe de Estado, como un presidente o primer ministro, y su gabinete. Montesquieu argumentaba que, si bien es crucial que el Ejecutivo tenga cierta independencia, debe estar sujeto a controles para evitar la tiranía. En los sistemas democráticos actuales, el Ejecutivo puede ser elegido directamente por el pueblo o designado por el Legislativo.

2.2.2.3 Poder Judicial:

El Poder Judicial interpreta las leyes y tiene la autoridad para resolver conflictos legales. Este poder debe ser independiente de los otros dos para garantizar la imparcialidad en la justicia y para que los jueces no estén sujetos a presiones políticas. En la práctica moderna, esto se logra a través de una judicatura compuesta por tribunales y cortes con autonomía funcional y administrativa.

2.2.2.4 Principios Fundamentales de la Separación de Poderes:

1. **Independencia**: Cada poder debe operar de manera autónoma y no debe interferir con las funciones de los otros poderes. Esto asegura que ningún poder pueda usurpar la autoridad de otro.
2. **Interdependencia y Equilibrio**: Aunque los poderes deben ser independientes, también deben interactuar de manera que se mantenga un equilibrio. Esto se logra a través de sistemas de **pesos y contrapesos** (checks and balances), donde cada poder tiene mecanismos para limitar o supervisar a los otros. Por ejemplo, el Legislativo puede aprobar leyes, pero el Ejecutivo tiene el poder de veto, y el Judicial puede declarar leyes inconstitucionales.
3. **Responsabilidad**: Cada poder tiene la responsabilidad de actuar dentro de sus límites constitucionales. El abuso de poder o la invasión de las competencias de otro poder deben ser prevenidos y, de ser necesario, corregidos.

2.2.2.5 Influencia y Aplicación Moderna:

La teoría de Montesquieu ha influido profundamente en la organización de los gobiernos democráticos contemporáneos. Ejemplos prominentes de su aplicación incluyen:

- **Estados Unidos**: La Constitución de los EE.UU. establece un sistema claro de separación de poderes con un robusto sistema de pesos y contrapesos entre el Legislativo (Congreso), el Ejecutivo (Presidente) y el Judicial (Corte Suprema).
- **Europa**: En muchos países europeos, la división de poderes se refleja en sus constituciones, con parlamentos que legislan, gobiernos que ejecutan y sistemas judiciales que interpretan las leyes.

2.2.2.6 Críticas y Desafíos:

A pesar de sus beneficios, la teoría de Montesquieu también ha enfrentado críticas y desafíos, especialmente en contextos donde:

- **El equilibrio de poderes no se respeta**: En algunos sistemas, la dominación de un poder sobre los otros puede conducir a abusos y a la erosión de la democracia.
- **La rigidez**: La separación estricta puede llevar a la ineficacia y a conflictos interinstitucionales que obstaculizan la gobernanza.
- **La adaptación a nuevas realidades**: En un mundo donde las funciones del Estado y las interacciones sociales se vuelven cada vez más complejas, la división de poderes debe adaptarse a nuevas formas de gobernanza y control.

2.2.2.7 Conclusión:

La separación de poderes de Montesquieu es un principio fundamental que sigue siendo vital para el funcionamiento de las democracias modernas. Su implementación y adaptación continua son cruciales para asegurar que los gobiernos operen de manera justa, equilibrada y en beneficio de sus ciudadanos.

2.3. *Marco teórico político operativo*
2.3.1 Los países como ámbito de acaecimiento básico de la fenomenología política

El ámbito de acaecimiento básico de la fenomenología política son los países.

Los países son las entidades que suponen la conjunción, en un momento de la historia, de:

- Una nación
- Un territorio
- Un estado
- Una estructura productiva
- Una superestructura de relación

2.3.1.1 Una nación

Una nación es un conjunto de seres humanos unidos por el mito de tener un origen común, manifestado en la posesión de un ancestro común, de un pariente común. De un "nacimiento" común. De aquí el término "nación", el cual viene de "nacer". Nación significa "nacimiento común". Por eso la desinencia "ion". Todo lo que significa "vinculación de cosas" termina en ion. Asociación, vinculación, comunión, corporación, son ejemplos válidos de lo expuesto.

2.3.1.2 Un territorio

El territorio es el pedacito de planeta que, las demás naciones de la tierra, reconocen que pertenece a la nación de que se trate.

Existen naciones que no tienen territorio. Un ejemplo es la Nación Palestina.

Hay naciones que no tuvieron territorio durante una etapa de su historia. Polonia es un ejemplo.

Paralelamente podemos decir que hay territorios (o los ha habido) que "no son poseídos por ninguna Nación". Vale decir que no son reivindicados por ninguna nación.

2.3.1.3   Un estado

El estado es el conjunto de órganos de gobierno mediante los cuales una nación puede vivir ordenadamente dentro de un territorio.

Las dos formas básicas de gobierno más importantes son la monarquía y la república. Ambas formas pueden adquirir formas especiales.

El estado se encuadra dentro de una determinado marco, normalmente reglado a través de una constitución. La constitución es la madre de todas las leyes.

2.3.1.4   Una estructura productiva

La estructura productiva es el conjunto de elementos materiales e inmateriales articulados en un ámbito determinado (material y/o inmaterial), destinado a la producción de bienes y servicios.

2.3.1.5   Una superestructura de relación

La superestructura de relación compone el conjunto de vinculaciones, con asiento esencialmente cultural, que impulsa y sostiene la vida en común de las personas.

2.3.2   Las formas de la vinculación política

En el contexto de la teoría política, la **vinculación política** se refiere a la relación entre los ciudadanos y el poder del Estado, así como las formas en que los individuos y los grupos se conectan con las estructuras y procesos de gobernanza. Estas formas de vinculación pueden clasificarse principalmente en dos grandes categorías: **formas democráticas** y **formas autárquicas**.

2.3.2.1   Formas Democráticas

Las formas democráticas de vinculación política se caracterizan por la participación activa de los ciudadanos en el proceso de toma de decisiones y la existencia de mecanismos que garantizan la rendición de cuentas de los gobernantes. Estas formas fomentan la igualdad política, el respeto por los derechos humanos y la transparencia en la gobernanza.

Participación Ciudadana:

Los ciudadanos tienen el derecho y la oportunidad de participar en la toma de decisiones políticas, ya sea directamente o a través de representantes elegidos.

Se garantiza el derecho al voto, la libre expresión, la organización y la protesta pacífica.

Representación:

Los sistemas democráticos suelen funcionar a través de elecciones regulares, libres y justas, donde los ciudadanos eligen a sus representantes.

Estos representantes tienen la responsabilidad de actuar en nombre de sus electores y pueden ser removidos si no cumplen con sus expectativas.

División de Poderes:

Se establece una separación clara entre las distintas ramas del gobierno (ejecutivo, legislativo y judicial) para prevenir la concentración de poder y promover un sistema de pesos y contrapesos.

Estado de Derecho:

Las democracias operan bajo un marco legal que protege los derechos individuales y asegura que todos, incluidos los gobernantes, estén sujetos a la ley.

Pluralismo Político:

Se permite y se fomenta la existencia de múltiples partidos y movimientos políticos que reflejen una variedad de intereses y opiniones dentro de la sociedad.

Ejemplos de Formas Democráticas

- **Democracia Representativa**: Los ciudadanos eligen a sus representantes para tomar decisiones en su nombre, como en Estados Unidos o en la mayoría de las democracias parlamentarias.
- **Democracia Directa**: Los ciudadanos participan directamente en la toma de decisiones políticas, como en los referendos en Suiza.
- **Democracia Participativa**: Se fomenta una participación más activa y continua de los ciudadanos en los procesos políticos, más allá de las elecciones periódicas, como en los casos de algunos municipios con presupuestos participativos.

2.3.2.2 *Formas Autárquicas*

Las formas autárquicas de vinculación política se caracterizan por un control centralizado y autoritario, donde el poder se concentra en manos de un líder o un grupo pequeño, y la participación ciudadana en los asuntos políticos es limitada o inexistente. Estas formas de gobernanza a menudo priorizan la estabilidad y el control sobre la participación y la libertad individual.

Concentración del Poder:

El poder político está concentrado en una persona o en un grupo reducido que controla las principales decisiones del Estado.

Los mecanismos de control y rendición de cuentas son débiles o inexistentes.

Limitada Participación Ciudadana:

Los ciudadanos tienen poca o ninguna influencia en la toma de decisiones políticas.

Las elecciones, si existen, suelen ser controladas o manipuladas para mantener el poder en manos del grupo gobernante.

Falta de Libertades Políticas:

Se restringen las libertades civiles, como la libertad de expresión, de prensa y de asociación.

Las protestas y la disidencia son generalmente reprimidas.

Control Estatal:

El Estado ejerce un control riguroso sobre la economía, los medios de comunicación y otras instituciones para mantener su dominio.

Ausencia de Pluralismo:

No se permite o se limita severamente la existencia de partidos políticos de oposición o de movimientos que desafíen al régimen.

Ejemplos de Formas Autárquicas

- **Dictaduras Militares**: Los gobiernos están dirigidos por líderes militares que mantienen el poder a través de la fuerza y el control autoritario, como fue el caso en Chile bajo Pinochet.
- **Monarquías Absolutas**: Un monarca posee poder absoluto y no está sujeto a la rendición de cuentas a los ciudadanos, como en Arabia Saudita.
- **Regímenes Totalitarios**: El Estado controla todos los aspectos de la vida pública y privada, y se suprime toda forma de oposición política, como en la Corea del Norte de hoy.

2.3.2.3 Comparación entre Formas Democráticas y Autárquicas

- **Legitimidad**: En las formas democráticas, la legitimidad se obtiene a través de la participación y el consentimiento popular. En las formas autárquicas, la legitimidad a menudo se deriva del control y la coerción.
- **Estabilidad**: Las formas autárquicas pueden ser más estables a corto plazo debido al control centralizado, pero son más propensas a la inestabilidad a largo plazo debido a la falta de participación y apoyo popular.

- **Libertades**: Las democracias tienden a proteger las libertades individuales y los derechos humanos, mientras que los regímenes autárquicos tienden a restringir estos derechos.

2.3.2.4 Conclusión

Las formas de vinculación política reflejan cómo se organiza y se ejerce el poder en una sociedad. Las formas democráticas promueven la participación y la igualdad, mientras que las formas autárquicas se centran en el control y la estabilidad. Comprender estas formas nos ayuda a apreciar las diferentes maneras en que los sistemas políticos pueden influir en la vida de los ciudadanos.

2.3.3 Formas de Gobierno

Las formas de gobierno son estructuras organizativas mediante las cuales se establece y ejerce la autoridad en una sociedad. Estas formas determinan cómo se distribuye el poder, cómo se toman las decisiones y cómo se relacionan los ciudadanos con el Estado. A continuación, se exploran tres formas de gobierno principales: la **República**, la **Monarquía**, y la **Dictadura**.

3.1.3.1 República

La **República** es una forma de gobierno en la que el poder reside en el pueblo y sus representantes electos. En una república, los ciudadanos tienen el derecho y la responsabilidad de participar en la gobernanza, ya sea directamente o a través de representantes elegidos. Este sistema enfatiza la igualdad ante la ley y la protección de los derechos individuales.

Soberanía Popular:

El poder supremo pertenece al pueblo, que lo ejerce directa o indirectamente mediante elecciones libres y periódicas.

Los ciudadanos eligen a los representantes que legislan y administran el gobierno en su nombre.

División de Poderes:

El gobierno suele estar dividido en tres ramas independientes: legislativa, ejecutiva y judicial.

Esta división busca prevenir el abuso de poder y garantizar un sistema de frenos y contrapesos.

Constitución:

Las repúblicas generalmente están regidas por una constitución que establece los derechos fundamentales de los ciudadanos y los límites del poder gubernamental.

La constitución es la ley suprema y proporciona el marco legal para el funcionamiento del gobierno.

Igualdad Ante la Ley:

Todos los ciudadanos tienen los mismos derechos y deberes ante la ley, y las leyes deben aplicarse de manera equitativa a todos.

La justicia debe ser imparcial y accesible para todos los ciudadanos.

Responsabilidad y Rendición de Cuentas:

Los funcionarios públicos son responsables ante el pueblo y deben rendir cuentas de sus acciones.

Los ciudadanos tienen mecanismos para controlar y supervisar el comportamiento de sus representantes.

Ventajas:

- **Participación Ciudadana**: Fomenta la participación activa de los ciudadanos en la gobernanza y la toma de decisiones.
- **Protección de Derechos**: Establece mecanismos para la protección de los derechos individuales y la igualdad ante la ley.
- **Transparencia y Rendición de Cuentas**: Los representantes electos deben rendir cuentas a los ciudadanos, lo que promueve la transparencia y la responsabilidad.

Desventajas:

- **Riesgo de Fragmentación**: La diversidad de opiniones y la competencia política pueden llevar a la fragmentación y la inestabilidad.
- **Burocracia y Lento Proceso Decisorio**: La toma de decisiones puede ser lenta debido a los procedimientos democráticos y la necesidad de consenso.
- **Populismo y Manipulación Electoral**: Existe el riesgo de que los líderes populistas manipulen las emociones y los procesos electorales para su beneficio personal.

Ejemplos:

- **Estados Unidos**: Con su sistema de gobierno federal y la separación de poderes, los Estados Unidos componen un ejemplo clásico de república moderna.
- **Francia**: La Quinta República Francesa combina un presidente fuerte con un sistema parlamentario.
- **India**: Como la democracia más grande del mundo, India opera bajo un sistema parlamentario republicano.

La **Monarquía** es una forma de gobierno en la que el poder supremo es ejercido por un monarca, que puede ser un rey, una reina, o un emperador. La autoridad del monarca puede variar desde poderes absolutos hasta funciones ceremoniales, dependiendo del tipo de monarquía.

Tipos de Monarquía:

1. **Monarquía Absoluta**:

El monarca tiene poderes casi ilimitados y no está sujeto a leyes o constituciones.

Las decisiones del monarca no requieren la aprobación de ningún órgano legislativo o judicial.

2. **Monarquía Constitucional**:

El poder del monarca está limitado por una constitución o leyes establecidas.

El monarca actúa como jefe de estado ceremonial mientras el poder legislativo y ejecutivo es ejercido por funcionarios electos.

Características:

1. **Sucesión Hereditaria**:

El puesto de monarca generalmente se hereda, pasando de un miembro de la familia real a otro.

Las reglas de sucesión pueden basarse en la primogenitura, la elección o la designación por el monarca actual.

2. **Simbolismo y Tradición**:

La monarquía a menudo simboliza la continuidad histórica y la identidad cultural de una nación.

Los monarcas suelen desempeñar un papel importante en las ceremonias y eventos nacionales.

3. **Estabilidad y Continuidad**:

La monarquía puede proporcionar una fuente de estabilidad y continuidad política, especialmente en tiempos de cambio.

La figura del monarca puede servir como un unificador simbólico para la nación.

4. **Rol en la Política**:

En una monarquía absoluta, el monarca tiene un control total sobre las decisiones gubernamentales.

En una monarquía constitucional, el monarca puede tener un rol limitado y principalmente ceremonial, con el gobierno dirigido por representantes electos.

Ventajas:

- **Estabilidad**: Puede ofrecer estabilidad política y continuidad en el liderazgo.
- **Identidad Nacional**: La monarquía puede reforzar la identidad nacional y la cohesión social a través de su simbolismo y tradición.
- **Rapidez en la Decisión**: En una monarquía absoluta, las decisiones pueden tomarse y implementarse rápidamente sin los retrasos asociados con los procesos democráticos.

Desventajas:

- **Falta de Representación Democrática**: La monarquía, especialmente en su forma absoluta, puede limitar la participación democrática y la representación popular.
- **Riesgo de Abuso de Poder**: El poder concentrado en una sola persona puede llevar a abusos y falta de rendición de cuentas.
- **Inflexibilidad**: La sucesión hereditaria puede resultar en líderes incompetentes o no deseados, sin mecanismos efectivos para su remoción.

Ejemplos:

- **Reino Unido**: Una monarquía constitucional donde el monarca tiene un papel ceremonial y el gobierno es dirigido por un parlamento electo.
- **Arabia Saudita**: Una monarquía absoluta donde el rey tiene el control total sobre las decisiones del gobierno.
- **Japón**: Aunque es una monarquía constitucional, el emperador de Japón tiene un papel principalmente ceremonial.

2.3.3.3 Dictadura

La **Dictadura** es una forma de gobierno en la que el poder se concentra en una sola persona o un grupo reducido, sin limitaciones efectivas por parte de otras instituciones o por el consentimiento de la población. Los dictadores suelen mantener el control mediante el uso de la fuerza, la censura, y la represión política.

Características:

1. **Concentración de Poder**:

El poder se concentra en manos de un solo individuo o un grupo reducido, sin contrapesos institucionales significativos.

Los dictadores ejercen un control absoluto sobre todas las ramas del gobierno y a menudo también sobre la vida económica y social del país.

2. **Ausencia de Democracia**:

Las dictaduras carecen de procesos democráticos genuinos, como elecciones libres y justas.

La participación política y la oposición suelen estar severamente restringidas o completamente prohibidas.

3. **Uso de la Fuerza y Represión**:

Los dictadores utilizan la fuerza militar, policial y paramilitar para mantener el control y reprimir la disidencia.

La censura y la propaganda son herramientas comunes para controlar la información y manipular la opinión pública.

4. **Gobernanza Arbitraria**:

Las decisiones políticas se toman de manera arbitraria, sin respetar el estado de derecho ni las libertades individuales.

Los dictadores a menudo gobiernan por decreto, sin consulta ni aprobación de cuerpos legislativos.

5. **Permanencia en el Poder**:

Los dictadores suelen permanecer en el poder durante largos periodos, a menudo hasta su muerte o derrocamiento.

La sucesión no es democrática y puede ser a través de la fuerza o la designación de sucesores leales.

Ventajas (Percibidas):

- **Eficiencia en la Toma de Decisiones**: La concentración del poder permite decisiones rápidas y sin necesidad de consenso.
- **Estabilidad Aparente**: Puede proporcionar una apariencia de estabilidad y orden, especialmente en situaciones de crisis.
- **Capacidad de Implementación Rápida**: Las políticas y decisiones pueden ser implementadas sin los retrasos asociados con los procesos democráticos.

Desventajas:

- **Violación de Derechos Humanos**: La represión política y la falta de libertades son características comunes en las dictaduras.
- **Corrupción y Abuso de Poder**: La falta de rendición de cuentas y de controles lleva a menudo a altos niveles de corrupción y abuso de poder.
- **Falta de Legitimidad y Apoyo Popular**: La gobernanza sin el consentimiento del pueblo puede resultar en falta de legitimidad y resistencia interna.
- **Inestabilidad a Largo Plazo**: Aunque pueden parecer estables en el corto plazo, las dictaduras son esencialmente inestables en el largo plazo

2.3.4 Tipo de asiento legal

En el contexto de la estructura jurídica de un país, la categorización de los "asientos legales" se refiere a cómo las leyes y las normas se organizan y se interpretan dentro de un sistema legal. Esta categorización puede dividirse principalmente en dos sistemas: el **sistema constitucional** y el **sistema no-constitucional**.

2.3.4.1 *Sistema Constitucional*
Definición:

El sistema constitucional es aquel donde la Constitución de un país es el supremo y fundamental conjunto de normas y principios que rige el ordenamiento jurídico. En este sistema, todas las leyes y normas deben estar en consonancia con la Constitución, y existe un mecanismo para garantizar que las normas inferiores (leyes, reglamentos, etc.) no contradigan los principios constitucionales.

Características Principales:

1. **Supremacía Constitucional**: La Constitución es la norma suprema y ninguna ley o acto gubernamental puede contradecirla. Esto se refleja en el principio de la "constitucionalidad de las leyes".
2. **Control Constitucional**: Se establecen mecanismos judiciales para asegurar que las leyes y actos de gobierno se ajusten a la Constitución. Ejemplos de estos mecanismos incluyen el control de constitucionalidad, ejercido a menudo por tribunales constitucionales o la Corte Suprema.
3. **División de Poderes**: La Constitución establece la separación y el equilibrio entre los diferentes poderes del Estado: Ejecutivo, Legislativo y Judicial.
4. **Derechos Fundamentales**: Se garantiza y protege una lista de derechos y libertades fundamentales que deben ser respetados y protegidos por el Estado.
5. **Estabilidad y Rigidez**: Las constituciones suelen tener un procedimiento de reforma más rígido que las leyes ordinarias, lo que les confiere estabilidad.
6. **Marco para el Gobierno y la Administración**: Define cómo se deben estructurar y operar las instituciones del gobierno y la administración pública.

Ejemplos:

- **Estados Unidos**: La Constitución de los Estados Unidos es un claro ejemplo, con su supremacía constitucional y el control judicial ejercido por la Corte Suprema.
- **España**: La Constitución Española de 1978 establece un sistema de supremacía constitucional con mecanismos de control ejercidos por el Tribunal Constitucional.

2.3.4.2 *Sistema No-Constitucional*
Definición:

El sistema no-constitucional, también conocido como sistema de derecho sin constitución codificada o sistema de derecho flexible, se refiere a un ordenamiento jurídico donde no existe una constitución escrita o donde la constitución no tiene el mismo nivel de supremacía o rigidez que en un sistema constitucional. Las normas y leyes no están necesariamente subordinadas a una constitución rígida y pueden ser cambiadas con relativa facilidad por las instituciones legislativas.

Características Principales:

1. **Ausencia de una Constitución Codificada**: En algunos casos, como el del Reino Unido, no existe una constitución escrita única. El sistema legal se basa en la combinación de leyes, convenios, y costumbres.
2. **Flexibilidad**: Las normas fundamentales pueden cambiarse más fácilmente que en un sistema constitucional riguroso, dado que no se requiere un proceso de reforma constitucional rígido.
3. **Control Parlamentario**: La supremacía puede residir en el parlamento o la legislatura, que puede crear, modificar o derogar leyes sin una revisión constitucional estricta.
4. **Derechos y Libertades**: Aunque los derechos fundamentales pueden estar protegidos, la falta de una constitución rígida puede hacer que estas protecciones sean más susceptibles a cambios legislativos.
5. **Evolución Histórica**: Muchas normas y principios pueden derivar de la historia y la tradición, en lugar de un documento codificado y supremo.
6. **Interacción entre las Normas**: No existe una jerarquía tan estricta como en los sistemas constitucionales, y las normas pueden estar en constante interacción y evolución.

Ejemplos:

- **Reino Unido**: El Reino Unido no tiene una constitución escrita codificada. En su lugar, su sistema legal se basa en una combinación de leyes estatutarias, jurisprudencia, y convenciones.
- **Nueva Zelanda**: Similarmente, aunque Nueva Zelanda tiene varios documentos clave que actúan como leyes fundamentales, no tiene una constitución escrita única y codificada.

Conclusión

La elección entre un sistema constitucional y un sistema no-constitucional refleja la historia, la política y las necesidades específicas de una sociedad. Mientras que los sistemas constitucionales proporcionan estabilidad y protección de los derechos fundamentales mediante una jerarquía legal clara, los sistemas no-constitucionales ofrecen flexibilidad y la capacidad de adaptación rápida a través de la evolución legislativa y las tradiciones jurídicas.

Ambos sistemas tienen sus ventajas y desafíos, y la eficacia de cada uno depende de la implementación y la cultura jurídica del país en cuestión.

2.3.5   Diferentes formas de estado

Las formas de organización política de un Estado reflejan cómo se distribuye el poder y la autoridad dentro del territorio nacional. Los modelos más comunes son el **Estado unitario**, el **Estado federal** y el **Estado confederal**. Cada uno de estos sistemas tiene características distintas en cuanto a la concentración y distribución del poder entre el gobierno central y las entidades subnacionales.

2.3.5.1   *Estado Unitario*
Definición:

El Estado unitario es aquel en el que el poder central o nacional es la principal autoridad, y cualquier poder delegado a las entidades locales o regionales proviene de este centro. En este modelo, la administración política y la toma de decisiones se concentran en el gobierno central.

Características Principales:

1. **Centralización del Poder**: El gobierno central tiene el control predominante y las competencias delegadas a los gobiernos locales o regionales son limitadas y pueden ser modificadas o retiradas.
2. **Legislación Uniforme**: Las leyes son generalmente uniformes en todo el territorio, sin grandes diferencias regionales.
3. **Administración Centralizada**: Las políticas y las decisiones administrativas suelen ser dictadas desde el centro y aplicadas uniformemente en todo el país.
4. **Flexibilidad en la Descentralización**: Aunque centralizado, el gobierno puede descentralizar ciertos poderes administrativos a las regiones o localidades, pero esto se hace bajo la dirección del gobierno central.
5. **Estructura Simple**: Tiene una estructura más simple y menos compleja en comparación con los estados federales o confederales.
6. **Ejemplos**:
   - **Francia**: Es un ejemplo clásico de Estado unitario, aunque ha implementado reformas de descentralización para otorgar más autonomía a las regiones.
   - **Japón**: También es un Estado unitario con un fuerte control central y una administración homogénea.

2.3.5.2 *Estado Federal*

Definición:

El Estado federal es una forma de organización política en la que el poder se divide entre un gobierno central y varios gobiernos subnacionales o estatales. Ambos niveles de gobierno tienen sus propias competencias y autonomía en ciertas áreas, y esta distribución del poder está generalmente protegida por una constitución.

Características Principales:

1. **División del Poder**: Existe una división clara de competencias entre el gobierno federal y los gobiernos estatales o regionales, cada uno con su propio ámbito de autoridad.
2. **Constitución Rígida**: La distribución del poder entre los niveles de gobierno está generalmente establecida por una constitución que es difícil de enmendar.
3. **Autonomía Regional**: Los gobiernos subnacionales tienen autonomía para legislar y administrar en áreas específicas asignadas por la constitución.
4. **Sistema de Gobierno Doble**: Los ciudadanos están sujetos a dos niveles de gobierno con sus propias leyes y autoridades.
5. **Cooperación Intergubernamental**: Hay mecanismos para la cooperación y coordinación entre el gobierno central y los gobiernos subnacionales.
6. **Ejemplos**:
   - **Estados Unidos**: Es un modelo clásico de federalismo, con una clara división de competencias entre el gobierno federal y los estados.
   - **Alemania**: Otro ejemplo, donde los Länder (estados federales) tienen competencias significativas en educación y policía.

2.3.5.3 *Estado Confederal*

Definición:

El Estado confederal es una asociación de Estados soberanos que se unen bajo un acuerdo común para cooperar en ciertas áreas, manteniendo su plena soberanía en la mayoría de los asuntos. El poder central en una confederación es muy limitado y generalmente actúa solo en áreas de interés mutuo definidas por los Estados miembros.

Características Principales:

1. **Soberanía de los Estados Miembros**: Los Estados miembros conservan su soberanía y autonomía y pueden retirarse de la confederación si lo desean.
2. **Poder Central Limitado**: El gobierno central tiene competencias muy restringidas y solo actúa en áreas que han sido específicamente delegadas por los Estados miembros.
3. **Decisiones por Consenso**: Las decisiones en la confederación suelen requerir consenso o al menos una mayoría significativa de los Estados miembros.
4. **Relaciones Contractuales**: La confederación se basa en tratados o acuerdos que definen las competencias y responsabilidades compartidas.
5. **Ejemplos Históricos:**

- o **Confederación Suiza (antes de 1848)**: Era una unión de cantones con gran autonomía y un gobierno central débil.
- o **Estados Confederados de América**: Durante la Guerra Civil de Estados Unidos, los Estados del Sur formaron una confederación con un gobierno central muy limitado.

2.3.5.4 Conclusión

Las formas de Estado - unitario, federal y confederal - representan diferentes enfoques sobre cómo estructurar la autoridad y distribuir el poder en un país. La elección de un modelo sobre otro refleja la historia, la política y la diversidad cultural de una nación.

- El **Estado unitario** es más adecuado para países con una necesidad de uniformidad y administración centralizada.
- El **Estado federal** favorece a los países que desean equilibrar el poder entre un gobierno central y diversas regiones con sus propias identidades y necesidades.
- El **Estado confederal** es menos común en la práctica moderna y es más una asociación de conveniencia entre Estados que desean mantener su independencia mientras cooperan en áreas específicas.

2.3.5.5 Conclusión

Cada modelo tiene sus propias ventajas y desafíos, y la efectividad de cada uno depende de cómo se implementa y cómo se adapta a las circunstancias específicas de la sociedad en cuestión.

2.3.6 Diferentes formas de mecánica de relación política

Las formas de relación política se refieren a cómo los individuos y grupos interactúan con las instituciones de gobierno y participan en la toma de decisiones colectivas. Estas formas pueden variar significativamente dependiendo de las estructuras institucionales y las culturas políticas de cada sociedad. A continuación, se exploran tres esquemas fundamentales: el partidocrático, el corporativo y la democracia directa.

2.3.6.1 Esquema Partidocrático

El esquema partidocrático se basa en la organización y operación de partidos políticos como principales intermediarios entre el estado y la sociedad. En este sistema, los partidos políticos tienen un rol central en la estructura política y en la toma de decisiones.

Características:

- **Dominio de los partidos**: Los partidos políticos controlan gran parte de la agenda política y la selección de los candidatos para los cargos públicos.

- **Elecciones representativas**: Los ciudadanos votan principalmente por los partidos en lugar de por los individuos, y estos partidos luego deciden la política y el liderazgo.
- **Disciplina partidaria**: Existe una fuerte cohesión y disciplina dentro de los partidos, lo que permite una mayor eficiencia en la implementación de políticas, pero también puede limitar la diversidad de opiniones dentro del propio partido.
- **Burocracia política**: Los puestos en el gobierno y en la administración pública son a menudo ocupados por miembros de los partidos políticos, lo que puede llevar a la politización de la burocracia.

Ejemplos:

- **México** (antes de las reformas democráticas): El Partido Revolucionario Institucional (PRI) dominó la política durante décadas.
- **Italia** (décadas de 1940-1990): Varios partidos políticos, especialmente la Democracia Cristiana, dominaron la escena política.

2.3.6.2 *Esquema Corporativo*

El esquema corporativo se caracteriza por la integración de diversos grupos de interés en el proceso de toma de decisiones políticas. En este modelo, los intereses de grupos específicos, como sindicatos, organizaciones empresariales y asociaciones profesionales, son formalmente representados en el gobierno y en el proceso legislativo.

Características:

- **Representación institucional**: Grupos de interés tienen representación oficial y formal en la estructura política.
- **Diálogo social estructurado**: Se promueve el diálogo entre el gobierno, los empleadores y los sindicatos para alcanzar consensos sobre políticas económicas y sociales.
- **Negociación tripartita**: Frecuentemente se lleva a cabo entre el estado, los empleadores y los trabajadores para establecer políticas laborales y sociales.
- **Reducción del conflicto**: Se busca minimizar los conflictos sociales a través de la integración y la cooperación de los distintos sectores de la sociedad.

Ejemplos:

- **Alemania**: Con su sistema de "co-determinación" en el que los sindicatos tienen un papel en la administración de las empresas.
- **Austria**: Con su modelo de "neocorporatismo" que incluye el diálogo estructurado entre el gobierno y los principales actores económicos y sociales.

2.3.6.3 *Democracia Directa*

La democracia directa es una forma de gobierno en la cual los ciudadanos participan directamente en la toma de decisiones políticas, sin

intermediarios como los partidos políticos o representantes electos. Este modelo
busca involucrar de manera activa y constante a la ciudadanía en la gobernanza.

Características:

- **Participación directa**: Los ciudadanos tienen la oportunidad de votar sobre
  leyes y políticas específicas, así como de proponer nuevas iniciativas.
- **Referendos y plebiscitos**: Se utilizan mecanismos como referendos, plebiscitos
  e iniciativas ciudadanas para tomar decisiones importantes.
- **Involucración comunitaria**: Promueve una participación activa y sostenida de
  los ciudadanos en el proceso político.
- **Descentralización del poder**: A menudo implica una mayor descentralización y
  localización del poder, permitiendo que las decisiones sean tomadas a nivel
  comunitario o local.

Ejemplos:

- **Suiza**: Es el ejemplo más conocido de democracia directa, con una larga
  tradición de referendos y plebiscitos.
- **California, EE.UU.**: Utiliza referendos e iniciativas ciudadanas para decidir
  sobre cuestiones importantes a nivel estatal.

2.3.6.4 Conclusión

Cada una de estas formas de mecánica de relación política ofrece
diferentes ventajas y desafíos. El esquema partidocrático puede ofrecer
eficiencia pero a costa de la pluralidad. El esquema corporativo busca integrar
múltiples intereses para reducir el conflicto, pero puede limitar la
representatividad directa de los ciudadanos. La democracia directa ofrece la
máxima participación ciudadana, aunque puede ser más difícil de implementar
en sociedades grandes y complejas. La elección de un esquema sobre otro
depende de la historia, la cultura y las necesidades específicas de cada sociedad.

3. Area política.

Se define como área política al ámbito de acaecimiento de la fenomenología de
las relaciones organizacionales que articulan la convivencia específicamente política.
Alli, en el área política, es donde se concreta el vínculo organizacional básico entre los
seres humanos, en cuanto sociedad.

Dentro del conjunto causal de la problemática política, podemos mencionar:

- Problemática económica
- Problemática general

3.1.   *Area política. La economía como ciencia auxiliar*

3.1.1   Los campos de la economía como ciencia social

Dadas las premisas previas antes expuestas, debemos precisar que los campos de la economía como ciencia social son:

- La economia politica
- La política económica
- La económía descriptiva
- El análisis económico

3.1.1.1   *Economía Política*

La economía política es la rama de la economía que estudia la interacción entre la política y la economía. La economía política explica cómo las instituciones políticas, las estructuras de poder y las decisiones políticas han afectado afectan y afectarán a los sistemas económicos y viceversa. Examina cuestiones como la distribución del poder económico, las políticas públicas, la regulación del mercado, la influencia de los grupos de interés y las relaciones internacionales desde una perspectiva económica y política.

3.1.1.2   *Política Económica*

La política económica es la rama de la economía cuya función fundamental es "definir las medidas a tomar, en un momento determinado, para procurar que el sistema económico se comporte de una manera determinada". La política económica se refiere a las acciones y decisiones tomadas por los gobiernos y otras autoridades para influir en la economía de un país o región. Esto puede incluir políticas fiscales (relacionadas con los impuestos y el gasto público), políticas monetarias (relacionadas con la oferta de dinero y las tasas de interés), políticas comerciales (relacionadas con el comercio internacional y las tarifas) y otras medidas diseñadas para alcanzar objetivos económicos como el crecimiento económico, la estabilidad de precios, el pleno empleo y la equidad social.

3.1.1.3   *Economía Descriptiva*

La economía descriptiva explica cómo está la economía en un momento determinado". La economía descriptiva se centra en la recopilación, organización y presentación de datos económicos para describir y entender fenómenos económicos. Implica la utilización de métodos estadísticos y herramientas de análisis de datos para resumir la información económica de manera que sea comprensible y útil para los investigadores, los responsables de la toma de decisiones y otros interesados en la economía.

3.1.1.4   *Análisis Económico*

El análisis económico explica "que acciones económicas se han ejecutado en un momento previo para arribar a las situación económica actual y que acciones económicas se deberían tomar para arribar a una situación económica determinada, y cuál sería la situación a surgir en un momento posterior en caso de que se mantuviera la situación actual". El análisis económico es el proceso de examinar y evaluar los problemas económicos utilizando modelos teóricos, datos empíricos y métodos cuantitativos. Se utiliza para comprender cómo funcionan los mercados, cómo se toman las decisiones económicas, cómo se asignan los recursos escasos y cómo se pueden abordar los desafíos económicos. El análisis económico abarca una amplia gama de enfoques, incluyendo la microeconomía (el estudio del comportamiento de individuos y empresas) y la macroeconomía (el estudio de la economía en su conjunto).

3.1.2   Responsables del manejo del àrea económica: los economistas

Los responsables básicos del área económica son los economistas.

La competencia profesional fundamental de los encomiastas es "optimizar las posibilidades de creación de riqueza (agregaciones de valor) de la sociedad en el marco de la cual actúan".

3.1.3   La economía y los políticos

Surge un punto de la evaluación económica donde, necesariamente, se debe acceder a la consideración de cuáles son los pasos que una sociedad debe cumplimentar para disponer de una plataforma política satisfactoria, que aborde el tema económico de manera correcta, de forma tal que se posibilite que el sistema económico nutra a todos los habitantes de lo necesario para vivir correctamente.

Es en este punto donde se debe intentar construir respuestas pertinentes para las grandes cuestiones. Para las grandes definiciones

Tal vez la más grande de las grandes preguntas sea esta: Que es lo que deben hacer, en el plano económico, aquellos ciudadanos que asuman responsabilidades políticas de gobierno, en un país subdesarrollado?

Y para esa pregunta pienso que esta es la respuesta correcta:

Trabajar hasta el limite de sus fuerzas, para asegurar la libertad de todas las personas en su sentido más amplio, recordando como premisa básica que "los seres humanos son verdaderamente libres solo cuando, efectivamente, se hallan plenamente en condiciones de satisfacer todas sus necesidades físicas y espirituales".

Se debe destacar que el mercado es un instrumento fundamental que nos ha dado Dios. Para hacernos más libres. Para hacernos más fuertes. Para hacernos más ricos. Para hacernos más buenos.

Pero para que el mercado funcione correctamente, debe estar asentado en una estructura productiva, apta para generar una cantidad suficiente de riqueza. Para repartir entre todos. Y para que alcance para todos.

Para que la riqueza que produce la sociedad, en su conjunto, alcance para dar una vida digna, a todos. Tanto a los pobres como a los ricos.

Y para que mañana "no haya pobres". Para que mañana no quede ni una persona con sus necesidades insatisfechas.

Pero eso requiere de manera impostergable, de la industrialización masiva de los países.

Para que la industria, pesada, mediana y liviana, junto con el resto de la estructura productiva, acompañe masivamente la bendición de los sectores primarios (agropecuario, minero, ictícola, silvicultura). Los cuales, en manos de los hombres y mujeres aplicados, sigan produciendo y compartiendo y proyectando su riqueza sobre todas las personas de cada país.

Claro que, por supuesto, la mayor preocupación de quienes han asumido la responsabilidad de gobernar el país (en cualquiera de los tres poderes) deben ser los pobres. Pero se debe tener absolutamente claro que para ayudar y fortalecer a los humildes, lo más importante es hacer que la torta a repartir sea más grande. Que lo que produzca la sociedad "sea más y sea mejor". Y para eso es imprescindible impulsar la industrialización.

Y para que la industria se desarrolle de manera sana, es imprescindible que en el territorio de cada país se desarrolle una estructura industrial integrada asentada sobre una pertinente industria pesada (acero, petroquímica, química pesada y papel prensa).

3.1.3.1 *Impulsar el desarrollo industrial masivo con priorización de las industrias pesadas*

Se debe destacar que, para destruir la condición de subdesarrollo, para hacer que un país subdesarrollado pase a ser un país desarrollado, es imprescindible tomar en cuenta la definición estratégica que nos legó durante su vida, la mente absolutamente iluminada de Rogelio Frigerio (el Tapir): "Que el conjunto de la Nación, a marchas forzadas, concrete la construcción de las industrias pesadas de la Patria".

Ese debe ser el objetivo prioritario que se debe marcar la Nación: Construir la industria pesada en su propio territorio.

A través de empresas privadas (como opción primera) o implementando empresas públicas, cuando y donde fuere necesário.

Recurriendo prioritariamente a capitales nacionales y recurriendo a capitales extranjeros en todo lo que sea necesario.

Sobre este punto debemos recordar que el capital extranjero será positivamente recibido, con la única condición de que:

- Sean inversiones productivas
- Sean inversiones de riesgo.
- Sean aplicadas a emprendimientos industriales (en lo posible de industria pesada)
- Sean para poner fábricas nuevas (no para comprar fábricas ya existentes)

Pongamos el acento en el tema referido a la industrialización porque es el tema esencial. Alli deberán juntarse las tareas inmediatas y suficientes de protección social urgente, con un proceso acelerado de industrialización masiva (con empresarios y capitales industriales, nacionales y extranjeros). Asentado fundamentalmente sobre el desarrollo de la industria pesada, acero, petroquímica, química pesada y papel prensa. Con desarrollo intensivo y acelerado de todos los tramos productivos de las energías ecológicas (ESFV, EE, energía eólica, EGTmbt, energía geotérmica de muy baja temperatura). Y con apuntalamiento de la industria mediana y liviana. Y de todos los sectores de la economía. Teniendo siempre en el sector primario en funcionamiento, un soberbio instrumento de la estructura de generación de riqueza.

3.1.3.2   *Utilizar el mercado como ámbito de producción y consumo*

Definidas las cuestiones estratégicas fundamentales, básicamente la necesidad imprescindible de la industrialización integrada y suficiente, como condición sine qua non, para alcanzar la condición de país desarrollado. Y ejecutadas las acciones pertinentes, debemos tomar como definición básica que, para lograr la máxima prosperidad económica, el mercado es una herramienta fundamental. Por supuesto, para que el mercado funcione de la mejor manera debe estar implementado en un país ya desarrollado.

A partir de lo anterior podemos sostener que, para profundizar la potencia de la gestión económica, se debe impulsar, fortalecer y proteger el mercado. Y para ello, en primera instancia, es imprescindible respetar las condiciones de la competencia perfecta.

- Que no haya monopolios ni monopsonios. Para que nadie pueda aprovecharse de las necesidades de la gente.
- Que haya transparencia de mercado. Para que todas las personas puedan enterarse de las oportunidades de negocio.
- Que haya libre ingreso y egreso de capitales. Para que todas las personas que lo deseen, puedan desarrollar las actividades lícitas que deseen.

Estas son las condiciones de mecánica operativa a cumplir. Esto hará que el sistema socioeconómico sea "eficiente".

Recalcamos lo antes expuesto: Por supuesto que el proceso de optimización del mercado debe ser acompañado por un proceso de industrialización masiva que potencie a los sectores primarios, y al resto del sistema productivo existente, en la creación de riqueza a disposición de la sociedad. Esto hará que el sistema socioeconómico sea "suficiente" para lograr los dos objetivos fundamentales en todos los países: "la grandeza de la Nación y la felicidad de las personas".

3.1.3.3   *Aplicación de subsidios al desempleo como herramienta macroeconómica de alta relevancia*

El mercado será una herramienta fundamental. Pero dada la situación imperante, caracterizada por el Paro Tecnológico, será imprescindible contar con la aplicación de los debidos instrumentos de subsidios a los desempleados. Para asegurar la dignidad de las familias (protección de los humildes) y para asegurar la existencia de "demanda efectiva" para que florezcan los negocios (protección de los empresarios).

El Paro Tecnológico, ya previsto en 1929 por John Maynard Keynes, es una compleja realidad que hoy nos acompaña a los seres humanos de todos los países. Cada vez hay menos puestos de trabajo asalariado. Y este problema se traduce en efectos muy dolorosos.

- Afecta a las familias: muchas personas "no pueden conseguir trabajo". Ellos son los que deben cobrar los instrumentos de salvataje social (RBA)
- Afecta a los empresarios. Muchísimos ciudadanos restringen su consumo, con lo cual se resiente la demanda y con ello, la prosperidad de los negocios.
- Afecta a toda la economía. Baja la proporción de asalariados, los cuales son los agentes económicos con máxima propensión marginal al consumo. Esto se traduce en una reducción del EMK, efecto multiplicador de Keynes, con lo cual se reduce el PBI y se resiente toda la economía, macro y micro. Se reduce la "torta a repartir".
- Afecta a los gobiernos: limita sus posibilidades de recaudación tributaria, incrementa los gastos en salvataje social de las personas empobrecidas.

Pero más allá del Paro Tecnológico, ya se da de por sí, el problema de que el mercado, por si solo, no alcanza para que la riqueza se derrame sobre todo el cuerpo social. Ya lo decía, en 1850, John Stuart Mill: "El Mercado es eficiente en la aplicación de los factores de producción pero es insuficiente en la distribución social de la riqueza". Por eso es que se debe cuidar la vigencia real de la Justicia Social. Para asegurar la correcta distribución de la riqueza generada en los países.

Asi es. Hay que actuar de manera integral.

Hay que meter coraje, inteligencia y amor en la ecuación. Para que la cuentas resulten correctas.

Por eso la preocupación fundamental debe ser la dignidad de la vida de los humildes. Y por eso el compromiso de los políticos actuantes se debe ajustar al lema: "Hay que cuidar a los pobres, que los ricos se cuidan solos".

Esto se logrará, simplemente, cuando en cada país, el gobierno actuante, sea el gobierno de todas las personas y para todas las personas"

3.1.4   Redefinición del marco macroeconómico teórico

Los temas fundamentales en el plano económico, cuyo tratamiento teórico se propone, son los siguientes:

- El rol del ser humano como consumidor esencial en los sistemas económicos.

- Las empresas privadas como centros de creación de riqueza y como espacios de generación de puestos de trabajo.
- Las empresas públicas como inductores del desarrollo
- El nivel cultural (el savoir faire derivado) como impulsor del desarrollo económico
- El desplazamiento interplanar de los impulsores del desarrollo económico (predominio del impulso "de abajo hacia arriba")
- La fuerza de gravedad como inductor de las desigualdades,
- La fuerza de gravedad, el egoísmo y el afán de lucro como motores de la economía.
- Los pobres como una incomodidad para la sociedad y como subproducto "necesario" para el sistema capitalista
- La justificación de la RBA, Renta Básica Asegurada, como reaseguro de la suficiencia de la demanda efectiva.
- El paro tecnológico. La intuición de Keynes
- El mercado como instrumento económico natural, de máxima relevancia. Caracterización de las agresiones sufridas. Caracterización de las agresiones sufridas tanto por parte de la izquierda como por parte de la derecha.
- El mercado y sus limitaciones como distribuidor de la renta. John Stuart Mill
- Los recursos naturales (fundamentalmente los de tipo minero), deben ser utilizados como sustrato de las agregaciones de valor concretadas en propio país actuante. Se deben prohibir las exportaciones de recursos naturales sin agregaciones de valor
- Las crisis económicas como fuentes de tensiones sociales y políticas.
- Los tipos de crisis económicas. Las crisis de oferta y las crisis de demanda

Los presentes temas están siendo desarrollados por el autor, en obra en elaboración

3.2. *Area política. Problemática general*

Dentro del conjunto causal de la problemática política de tipo general podemos mencionar:

- La inoculación de la leyenda negra española como causal de la falta de honor nacional en las clases dirigentes tradicionales de los países de raíz hispánica (problema sufrido en diferentes espacios, pero fundamentalmente en Latinoamérica)
- Degradación del marco motivacional de los políticos (I). Degradación básica
- Degradación del marco motivacional de los políticos (II). Degradación del objetivo de los líderes políticos.
- Degradación del sistema partidocrático. Síndrome del "tirano difuminado".
- Baja calidad de los asesores

- Cambio en el objeto de la lealtad política de los diferentes actores.
- El voto enfermo. Síndrome del aspirante a concheto (I)
- El voto enfermo. Síndrome del votante "chupa media social" (II)
- El voto enfermo. Síndrome del votante "envidioso social"' La envidia se da por las pequeñas diferencias (Alexis de Tocqueville) (III)
- El voto enfermo. Síndrome del votante malvado (IV)
- Excesiva distancia entre los ciudadanos y el ejercicio del poder político

3.2.1 La inoculación de la leyenda negra española como causal de la falta de honor nacional en las clases dirigentes tradicionales de los países de raíz hispánica (problema sufrido en diferentes espacios, pero fundamentalmente en Latinoamérica)

La **Leyenda Negra** se refiere a la construcción y difusión de una imagen negativa de España y su imperio, especialmente durante el siglo XVI y XVII. Esta narrativa, propagada principalmente por los rivales políticos y comerciales de España, como Inglaterra y los Países Bajos, enfatizaba aspectos negativos como la brutalidad en la conquista y la colonización, la intolerancia religiosa y la decadencia cultural y moral. A lo largo del tiempo, esta leyenda ha permeado la percepción histórica y cultural en muchos países de origen hispánico, particularmente en América Latina, influyendo en cómo las élites y las clases dirigentes perciben su propio legado y honor nacional.

3.2.1.1 Orígenes y Difusión de la Leyenda Negra

Propaganda Rival:

La Leyenda Negra surgió en gran medida como propaganda de países rivales de España que buscaban justificar sus propios intereses expansionistas y comerciales.

Estos rivales aprovecharon eventos como la Inquisición española, la conquista de América y la represión de revoluciones para proyectar una imagen de España como una nación cruel y retrógrada.

3.2.1.2 Escritos y Obras Influyentes:

Obras como la "Brevísima relación de la destrucción de las Indias" de Bartolomé de las Casas y los grabados de Theodore de Bry exageraron y difundieron los abusos cometidos por los españoles en América.

Estas narrativas se extendieron rápidamente, especialmente en países protestantes y competidores comerciales, y se integraron en la historiografía y la percepción popular.

3.2.1.3   Percepción y Autoimagen en los Países de Raíz Hispánica:

La adopción de la Leyenda Negra por parte de las propias élites latinoamericanas puede entenderse como un proceso de interiorización de la crítica externa.

Durante los procesos de independencia y formación de nuevas naciones, muchas élites buscaron distanciarse del legado colonial español, adoptando en parte la visión negativa de la Leyenda Negra.

3.2.1.4   Impacto en el Honor Nacional de las Clases Dirigentes Tradicionales

Desvalorización del Legado Histórico:

La internalización de la Leyenda Negra ha llevado a que muchas élites en países hispanoamericanos subestimen o rechacen aspectos de su herencia española.

Esta actitud puede manifestarse en la tendencia a minimizar o criticar las contribuciones culturales, administrativas y económicas del periodo colonial.

Falta de Confianza y Orgullo Nacional:

La perpetuación de una narrativa predominantemente negativa sobre el pasado colonial puede contribuir a una falta de confianza y orgullo en la identidad nacional.

Esto afecta la capacidad de las clases dirigentes para promover una visión positiva y unificada de la historia nacional, esencial para la cohesión social y el desarrollo.

Inestabilidad y Conflicto Interno:

La fragmentación de la identidad nacional y la falta de una narrativa común y positiva puede llevar a divisiones y conflictos internos.

Las élites, al no tener una base histórica sólida y compartida, pueden verse envueltas en luchas de poder y dificultades para construir un proyecto nacional coherente.

Dependencia de Modelos Externos:

La falta de aprecio por la herencia cultural propia puede conducir a una dependencia excesiva de modelos y valores externos, particularmente de Europa y Estados Unidos.

Esto se refleja en políticas que privilegian la imitación de estructuras y estilos extranjeros sobre el desarrollo de soluciones propias basadas en la realidad local.

3.2.1.5   Casos y Ejemplos en Latinoamérica

México y la Conquista:

En México, la Conquista y el período colonial son a menudo vistos a través del prisma de la Leyenda Negra, destacando los aspectos de explotación y violencia.

Esta perspectiva ha llevado a debates sobre cómo honrar y recordar este período, afectando la relación de las élites con su propio pasado.

Argentina y la Identidad Nacional:

En Argentina, la narrativa de la Leyenda Negra ha influido en la forma en que se percibe el legado español en comparación con las contribuciones de inmigrantes europeos posteriores.

Las élites a veces han favorecido una visión europeísta sobre una identidad que no integra plena y fundamentalmente la herencia hispánica, como basa fundamental de nuestro andamiaje cultural.

Perú y la Herencia Colonial:

En Perú, la relación con el pasado colonial es compleja, mezclando el orgullo por el Imperio Inca con la condena de la colonización española.

Esto ha generado tensiones en la forma en que las clases dirigentes abordan su historia y cultura, y cómo integran las contribuciones españolas en su narrativa nacional.

3.2.1.6 *Estrategias para Reconstruir el Honor Nacional*

Revaloración del Pasado Común:

Promover una reevaluación equilibrada de la historia, que reconozca tanto los aspectos positivos como negativos del legado español.

Fomentar la investigación y la educación sobre las contribuciones culturales, científicas y administrativas del periodo colonial.

Narrativas Inclusivas y Positivas:

Crear narrativas históricas que integren las diversas herencias culturales y étnicas de cada país, destacando cómo han contribuido al desarrollo nacional.

Promover el orgullo por la diversidad y la complejidad de la historia nacional, en lugar de centrarse exclusivamente en los aspectos negativos.

Educación y Conciencia Histórica:

Reformar los currículos educativos para incluir una visión más amplia y matizada de la historia colonial y su impacto.

Iniciativas de educación pública y proyectos culturales que celebren la riqueza de la herencia hispánica y su relevancia en la identidad nacional actual.

Políticas de Cultura y Patrimonio:

Implementar políticas que preserven y promuevan el patrimonio cultural y arquitectónico de la época colonial.

Apoyar proyectos de investigación y restauración que valoren la historia local y fomenten el orgullo comunitario.

3.2.1.7 Conclusión

La **Leyenda Negra** ha tenido un impacto profundo en la percepción del honor nacional en las clases dirigentes de los países de raíz hispánica, especialmente en Latinoamérica. Para superar los efectos negativos de esta narrativa, es crucial promover una revalorización equilibrada y positiva de la historia, que reconozca las contribuciones de la herencia española sin negar los aspectos críticos. Al hacerlo, se puede fortalecer la identidad nacional y fomentar una mayor cohesión y confianza en el futuro, basadas en una apreciación renovada de la complejidad y riqueza del pasado compartido.

3.2.2 Degradación del marco motivacional de los políticos (I). Degradación básica

3.2.2.1 Caracterización del problema considerado

El objetivo de muchas de las personas, cuando acceden a la política, pasa por cuestiones ajenas al amor a la Patria, o la vocación de servicio. En muchos casos, los políticos se han hecho políticos, porque ven en la política una manera fácil de encontrar ventajas de diferente tipo. La riqueza material es una de ellas.

La degradación del marco motivacional de los políticos, cuando el objetivo principal al ingresar a la política es obtener ventajas personales en lugar de servir a la patria o materializar una vocación de servicio, es un fenómeno lamentablemente común en muchas sociedades. La búsqueda de riqueza material y otros beneficios personales puede distorsionar gravemente el propósito original de la política como un medio para proveer al bienestar público y al progreso social.

Cuando los individuos se involucran en la política principalmente por motivos egoístas, puede generar una serie de problemas. Por ejemplo, puede conducir a la corrupción, donde los políticos utilizan su posición para enriquecerse ilícitamente a expensas de la sociedad. Además, puede resultar en una mala gestión de los recursos públicos, políticas sesgadas en favor de ciertos grupos de interés y una falta de representación efectiva de las necesidades y preocupaciones de la población.

Esta tendencia hacia la politización motivada por intereses personales puede minar la confianza pública en las instituciones democráticas y socavar el tejido mismo de la democracia. Cuando los ciudadanos perciben que los políticos están más preocupados por sus propios intereses que por el bienestar general, es probable que se sientan desilusionados y alienados del proceso político.

3.2.2.2 Caracterización de la solución propuesta

Para abordar la reversión de la degradación del marco motivacional de los políticos, es fundamental promover una cultura de integridad, transparencia y responsabilidad en la política. Esto implica:

- La definición de marcos éticos claros que impulsen la corrección en la moralidad política
- La educación de la sociedad a través de la formación taxativa tanto en el rechazo de ese tipo de comportamientos como en el impulso del desprecio social hacia los políticos incursos en los mismos
- Utilizar todas las instancias educativas para impulsar esas acciones formativas
- La implementación de medidas efectivas para prevenir y castigar la corrupción, así como el fomento de una mayor participación ciudadana en la toma de decisiones políticas.

Además de lo anterior, es importante que los ciudadanos demanden y apoyen a líderes políticos que demuestren un verdadero compromiso con el servicio público y el bien común. Al exigir estándares éticos elevados y responsabilidad por parte de quienes ocupan cargos políticos, se puede contribuir a restaurar la confianza en el sistema político y promover una gobernanza más justa y equitativa.

3.2.3 Degradación del marco motivacional de los políticos (II). Degradación del objetivo de los líderes políticos.

3.2.3.1 Caracterización del problema considerado

El objetivo de los líderes políticos deja de ser "hacer cosas para beneficio de la sociedad" y pasa a ser "hacer cosas para beneficio de su propia carrera política"

Cuando el objetivo de los líderes políticos se desvía del servicio a la sociedad para centrarse en el avance de su propia carrera política, se produce una desviación grave del propósito fundamental de la política como medio para el bienestar público y el progreso social. Esta mentalidad puede tener consecuencias devastadoras para la integridad del sistema democrático y la confianza de los ciudadanos en sus líderes y en las instituciones gubernamentales.

Cuando los líderes políticos están más preocupados por su propia carrera que por el bienestar de la sociedad, pueden adoptar una serie de comportamientos perjudiciales. Por ejemplo, pueden priorizar las políticas y decisiones que les brinden más visibilidad, popularidad o apoyo político, en lugar de aquellas que beneficien verdaderamente a la comunidad. También pueden estar más inclinados a comprometer sus principios éticos y morales con el fin de mantener o aumentar su poder político y posición.

Esta mentalidad centrada en la carrera política puede llevar a una serie de problemas sistémicos, como la corrupción, el nepotismo, el clientelismo y la falta de rendición de cuentas. Además, puede generar un ambiente tóxico en el que la competencia personal y la ambición prevalezcan sobre la colaboración y el bien común.

3.2.3.2 Caracterización de la solución propuesta

Para abordar este problema, es esencial promover una cultura política que valore el servicio público sobre el interés personal. Esto implica fortalecer los mecanismos de control y supervisión para prevenir y castigar la corrupción, así como promover una mayor transparencia en la toma de decisiones políticas.

Además, es fundamental que los ciudadanos ejerzan su poder democrático para exigir responsabilidad y transparencia a sus líderes políticos. Al participar activamente en el proceso político y mantener altos estándares éticos y de integridad, los ciudadanos pueden contribuir a construir un sistema político más justo, equitativo y orientado al bienestar de la sociedad en su conjunto.

En definitiva podemos decir que ya no se es leal con "el pueblo", al que se sirve. La lealtad, ahora, es con "el jefe" a quien se le debe el puesto laboral, o lisa y llanamente, consigo mismo.

Se produce algo así como el acceso a un nuevo marco de patrones de conducta

A los políticos deja de importarle quedar bien con la gente. Por ejemplo, en muchas situaciones, a los políticos no les da vergüenza robar de los dineros públicos. Y eso pasa porque ellos se sienten comprometidos en la lealtad a un marco moral distinto al de los ciudadanos comunes. Es un marco moral , en el cual es normal permitir acciones del tenor expuesto, sin someterlos a la pertinente condena social.

3.2.4 La degradación del sistema partidocrático. Síndrome del "tirano difuminado".

3.2.4.1 Caracterización del problema considerado

Se denomina síndrome del tirano difuminado, a la disfunción política sufrida por un sistema político democrático (en las formas) en el cual, los políticos, una vez que son elegidos, desarrollan comportamientos ajenos a lo que es el respeto por los ciudadanos. En este marco la falta básica y principal es precisamente esa: no respetar a los ciudadanos comunes. Solo respetan la opinión y consideración, de sus propios compañeros políticos y de los demás políticos, en general. Es como si se fracturara la sociedad. A los políticos pasan a interesarles, únicamente, los demás políticos. La opinión, la consideración y el respeto hacia ellos por parte de los ciudadanos comunes, como se dice en España, "se la repampinfla".

La expresión "se la repampinfla", la cual es utilizada coloquialmente en España, ilustra gráficamente esta actitud de indiferencia hacia las preocupaciones de los ciudadanos comunes por parte de los políticos. Cuando los líderes electos muestran desdén por las opiniones y necesidades de quienes los eligieron, socavan la legitimidad de la democracia y generan desconfianza en las instituciones políticas.

Este fenómeno puede conducir a una fractura en la sociedad, donde los políticos se vuelven cada vez más desconectados de las preocupaciones y realidades de la ciudadanía. Esto puede manifestarse en políticas y decisiones que benefician a ciertos grupos de interés en detrimento del bienestar general, así como en una falta de transparencia y rendición de cuentas por parte de los líderes políticos.

Cuando se sufre este síndrome, la sociedad sufre de manera equivalente a cuando es gobernado por un tirano. En el marco de la tiranía cuando un ciudadano "de a pie" es agredido por un acto del tirano, ese ciudadano no tiene, en la práctica, ninguna posibilidad de reclamo. Vale la aclaración: Se define al tirano como un dictador malvado.

3.2.4.2 *Caracterización de la solución propuesta*

Para abordar el síndrome del tirano difuminado, es fundamental promover una cultura de responsabilidad y transparencia en la política. Esto implica fortalecer los mecanismos de control y supervisión para prevenir el abuso de poder y la corrupción, así como fomentar una mayor participación ciudadana en el proceso político.

Además, es crucial que los ciudadanos ejerzan su poder democrático al exigir rendición de cuentas y responsabilidad por parte de sus líderes políticos. Al mantener altos estándares éticos y de integridad en la vida política, se puede contribuir a construir un sistema político justo, equitativo y representativo para todos los ciudadanos.

3.2.5 Baja calidad de los asesores

3.2.5.1 *Caracterización del problema considerado*

Los asesores no se eligen en función de la capacidad para ejecutar las tareas para las cuales son contratados. No. Los asesores son elegidos por otras cuestiones.

Uno de los motivos para ser elegidos es su capacidad de proteger el interés del jefe. Se trata de fidelidad, ni siquiera de lealtad. Vale aclarar. La lealtad supone trabajar por la protección del interés del jefe, pero con consideración de la corrección del comportamiento de ese jefe. Si el jefe actúa correctamente desde el punto de vista ético, el leal apoya. Pero si no actúa correctamente, el leal quita el apoyo. La fidelidad es distinta. El asesor vinculado por fidelidad, pierde el sentido crítico. El asesor fiel apoya a su jefe, cualquiera sea el comportamiento ético de este.

Otro de los motivos en la selección de asesores, es "dar satisfacción a compromisos políticos

La distinción entre lealtad y fidelidad es crucial en el contexto de la selección de asesores políticos. Mientras que la lealtad implica un compromiso con los principios éticos y la integridad, la fidelidad puede conducir a una adhesión ciega al líder político, independientemente de su comportamiento ético.

Cuando los asesores son elegidos principalmente por su fidelidad al líder político en lugar de por su capacidad para desempeñar sus funciones de manera efectiva, existe el riesgo de que se comprometa la calidad del asesoramiento y la toma de decisiones.

Los asesores fieles son propensos a aceptar las acciones del líder, incluso cuando son moralmente cuestionables o perjudiciales para el bienestar general.

Con respecto al justificante, "dar satisfacción a compromisos políticos", como motivo de la selección de los asesores, es este caso también se resalta la influencia de consideraciones partidistas y de relaciones personales en la selección de los mismos. Obviamente este enfoque también puede socavar la meritocracia y llevar a la designación de individuos que pueden no estar calificados para desempeñar sus funciones de manera efectiva.

En última instancia, es fundamental que los líderes políticos valoren la integridad, la competencia y la capacidad para cumplir con las responsabilidades del cargo al seleccionar a sus asesores. Esto contribuirá a fortalecer la calidad de la toma de decisiones y la confianza de los ciudadanos en sus líderes y en las instituciones gubernamentales.

3.2.5.2 *Caracterización de la solución propuesta*

La solución para este problema está atada a la resolución del tema atinente a la justicia en la recompensa electoral por parte de la sociedad.

Y esto está atado a la formación práctica de los ciudadanos.

La profundización en la formación sobre cuestiones prácticas del ejercicio político es importante. Y en el ámbito de los jóvenes. Más todavía.

La profundización en el tratamiento del tema en las diferentes instancias educacionales de la primaria y la secundaria, resulta absolutamente fundamental.

3.2.6 Incapacidad de la sociedad para castigar a los partidos políticos que, durante su turno de gobierno, han cometido actos reñidos con las leyes.

3.2.6.1 *Caracterización del problema considerado*

En general, el problema que tiene la sociedad en este aspecto, es que el nuevo partido gobernante, en muchos casos, procure evitar castigar al antecesor. El político en ejercicio prefiere el perdón corporativo, con la idea de que, ellos mismos en un próximo turno de gobierno, frente a situaciones homólogas, puedan disfrutar también del "perdón corporativo"'.

La incapacidad de la sociedad para castigar a los partidos políticos que han cometido actos ilegales durante su mandato es un problema que puede socavar la confianza en el sistema democrático y en el Estado de derecho. Esta falta de rendición de cuentas puede generar un ambiente de impunidad en el que los políticos se sientan libres de actuar al margen de la ley sin consecuencias significativas.

El perdón corporativo puede ser una estrategia que los partidos políticos utilicen para protegerse mutuamente y evitar la rendición de cuentas. Esto puede deberse a una variedad de razones, que van desde la lealtad partidista hasta el temor a represalias futuras si llegan al poder y enfrentan situaciones similares.

Obvio es resaltar que la rendición de cuentas es fundamental para mantener la integridad del sistema democrático. Sin ella, los ciudadanos pueden perder la fe en sus instituciones y en los líderes que los representan. Por lo tanto, es crucial que existan mecanismos efectivos para investigar, enjuiciar y castigar a aquellos que violen la ley, independientemente de su afiliación política.

3.2.6.2 *Caracterización de la solución propuesta*

La solución del problema tratado implica fortalecer las instituciones encargadas de hacer cumplir la ley y garantizar que estén libres de influencias partidistas. También puede requerir una mayor transparencia en el gobierno y en el proceso político en general, para que los ciudadanos puedan exigir responsabilidad a sus líderes electos.

En última instancia, la rendición de cuentas es un componente esencial de cualquier democracia saludable y debe ser defendida y protegida por la sociedad en su conjunto.

Es fundamental encontrar mecanismos democráticos que impulsen la evolución política en la dirección correcta, de manera que garantice el cumplimiento de la ley, aun en un espacio fuertemente galvanizado para el funcionamiento del Poder Judicial, como es el Poder Legislativo.

3.2.7 El voto enfermo (I). Síndrome del aspirante a concheto (vocación arribista)

El voto enfermo es un mal social con directa proyección política.

Entre los síndromes inductores del voto enfermo podemos mencionar:

- Síndrome del aspirante a concheto
- Sindrome del votante "chupa media social"
- Sindrome del votante "envidioso social"' La envidia se da por las pequeñas diferencias (Alexis de Tocqueville)¨
- Síndrome del votante malvado

En este punto trataremos el síndrome del aspirante a concheto.

El aspirante a concheto lo podemos definir como un ser humano, de origen socialmente no destacado, de absoluta medianía. Con recursos económicos fuertemente limitados. Pero deseoso de pertenecer a la capa superior de la sociedad.

En definitiva podemos decir que un aspirante a concheto es un integrante de una familia plebeya. Absolutamente plebeya. Que pretende pasar a formar parte del espacio concheto.

Eso podemos decir que es un aspirante a concheto.

Es imperioso hacer la aclaración: Concheto no es "aristocrático". La aristocracia es una clase social asentada sobre valores reales (rigurosamente relevantes). El "conchetaje" es una clase social asentada sobre valores superfluos, muchas veces inexistentes (los engrupidos).

Comentario: El conchetaje es un espacio muchas veces visitado por algún aristócrata, necesitado de ampliar su espacio de relaciones. Comentario: Los aristócratas, íntimamente, desprecian a los conchetos y se ríen de los aspirantes a conchetos.

Pienso que el aspirante al conchetismo es una figura que puede aparecer en cualquier país. Aunque en algunos países constituyen una plaga terrible. En la Argentina, por ejemplo, son la plaga socialmente más dañina.

La Existencia de los aspirantes a conchetos patologizan todo el sistema de proyección social

Cuando existe esta enfermedad social el progreso social no está atado a un ascenso en la condición real de la persona en campos de valoración sanos. Como puede ser el cultural, el ético, o incluso el económico (capacidad de producción, por ejemplo). En el caso en que la sociedad sufra esa deformación, la proyección social se obtiene meramente con el cumplimiento de un protocolo de ascenso social de condición absurdamente ramplona.

El respeto de determinadas modas o el desprecio del compatriota pobre.

Esto es fundamental. La manifestación taxativa de desprecio por el plebeyo es condición sine qua non para calificar como aspirante a concheto.

De cualquier manera, es pertinente rescatar el dato de que la posición antiplebeya de los aspirantes a conchetos, nace del inmenso miedo que atenazaba sus almas; les aterraba que se descubriera que muchos de ellos habían sido o seguían siendo rigurosamente plebeyos.

La labilidad en esos comportamientos, por un lado, llenaba de tensiones a la clase media en general, siempre permeable a los criterios del aspirantazgo al conchetismo, y por el otro, inducía, peligrosamente, un marco paradigmático y vergonzante sobre toda la sociedad.

En definitiva, los aspirantes a conchetos dan profunda pena, sumidos, como viven, sujetos a la apreciación y al consentimiento de los miembros con "mejor posicionamiento" que ellos.

Cuando rige el aspirantazgo al conchetismo, existe un desinterés absoluto por los valores éticos profundos, por parte del aspirante a concheto.

En general la sensibilidad y el buen corazón no está bien visto en el mundo del aspirantazgo al conchetismo. En este medio la crueldad es mejor que el coraje, la apariencia más valorada que la esencia. Ejemplo de apariencia: una mujer teñida de rubio es más apreciada socialmente que una mujer con rubio natural en sus cabellos. La rubia teñida es socialmente más tranquilizadora.

Tal vez esto se asiente en el hecho de que lo externo es mejor garantía de sujeción a modelos extranjeros, lo cual es un rasgo típico de los aspirantes a conchetos. En el caso de mujer teñida, la sujeción se da en el sueño de "parecer anglosajones". El sueño de ser flaco, alto y rubio constituye un legado ominoso del siglo XIX.

La rubia teñida genera tranquilidades al aspirante a concheto. La rubia teñida seguramente no es peligrosa. Seguro que tiene la mente colonizada por el marco estético predominante. En cambio, la rubia natural, puede ser una mujer íntegra, ajena a los dictados del conchetismo e indiferente a sus reglas. Esto es tranquilizador para las siempre frágiles conciencias de aquellos que, cuanto menos, intuían la condición miserable de sus propios comportamientos. Los votos de acatamiento aseguraban así que el observado jamás podría ponerse en situación de superioridad y de molestia ética.

Caso relevante. Una legión que integra el ámbito del aspirantazgo al conchetismo es la colonia de los engrupidos. En principio, los engrupidos carecen de un sistema inmunológico ético por lo cual nunca sienten vergüenza por acción alguna.

Como ejemplo podemos decir que, actualmente, el aspirantazgo al conchetismo, está consolidado en el marco paradigmático de los argentinos. Impregna todos los comportamientos, incluyendo el campo de la política, desde el espacio neoliberal hasta los mismísimos ámbitos "progre".

3.2.8   El voto enfermo (II). Síndrome del votante "chupa media social"

En este punto trataremos el síndrome del votante "chupamedia social"

El chupamedia social es el votante que, teniendo una situación socioeconómica plenamente insuficiente (en la realidad es un plebeyo) elige una opción política reaccionaria, por su deseo compulsivo de quedar bien con las personas encumbradas socialmente. Vota a una posición reaccionaria porque le parece que es "más bienudo". Que queda mejor para el encumbramiento social.

3.2.9   El voto enfermo (III). Síndrome del votante "envidioso social"´ La envidia se da por las pequeñas diferencias (Alexis de Tocqueville)

En este punto trataremos el síndrome del votante "envidioso social"

El envidioso social, en general, es la persona que encontrándose hundida en la miseria más absoluta, toma como objeto de su envidia, a las personas que están inmediatamente arriba suyo en la pirámide social.

Los objetos de su envidia, son personas tan pobres como ellos , pero los diferencia el hecho de recibir una ayuda estatal percibida en condición de subsidio, planes sociales, o instrumentos del tipo.

Este beneficio, aunque normalmente es muy pequeño, despierta la envidia sorda de los "absolutamente desamparados".

Esa pequeña diferencia es la que enciende la envidia endemoniada marcada por Alexis de Tocqeville. "Las diferencias son dolorosas cuando son pequeñas".

Los desamparados absolutos son capaces de votar a candidatos que prometerán "que no se les darán ninguna ayuda, a nadie". Ni a ellos ni a nadie. Eso los tranquiliza. Eso calma su envidia. Su amarga, vergonzante y tristísima envidia. El sabe que "él mismo" va a seguir igual. Viviendo en la miseria más absoluta. Pero se asegura de que su vecino sufrirá igual que él. Y con eso le alcanza.

3.2.10 El voto enfermo (IV). Síndrome del votante "malvado"

En este punto trataremos el síndrome del votante "malvado"

Los votante "malvados" son los seres humanos que siendo suficientemente exitosos en este sistema, en el cual los bienes y servicios no alcanzan para todos y en el cual es imprescindible trabajar para dar satisfacción a sus necesidades. A ellos no los hace felices que ahora haya cambiado la realidad productiva. No les agrada que ahora, la evolución de la ingeniería en todas sus áreas, haya permitido que las cosas se hagan "casi" automáticamente.

A los votantes malvados les desagrada profundamente que pueda haber gente que pueda satisfacer sus necesidades (por lo menos las básicas) con el uso de subsidios pagados por el Estado.

Antes que la vuelta al paraíso, hoy en día totalmente accesible, prefieren quedarse en el infierno.

Es como si necesitaran que haya gente pobre a su alrededor. Como si la visión de esa gente pobre les fuera necesaria para resaltar su propia riqueza. Para poder solazarse con su "éxito"

Estas personas, por maldad o por simple ignorancia, no quieren aceptar, la nueva realidad imperante:

Que el ser humano ha creado un sistema de producción en el cual, el trabajo humano necesario está absolutamente minimizado. Que si los políticos organizaran a la sociedad correctamente bastaría que trabajáramos 2 horas por día. De lunes a la tarde hasta el jueves a la mañana.

1.-Que el problema del "Paro Tecnológico" detectado, explicado y expuesto por Keynes, al final de la década del 30 del siglo XX, se traduce, hoy en día, en el estallido de un problema macroeconómico consistente en la faltante enfermiza de demanda efectiva. Lo cual se debe a la falta de ingreso de dinero en los bolsillos de los asalariados (los agentes económicos con máxima propensión marginal al consumo, y por ende de enorme importancia en la conformación del EMK, efecto multiplicador de Keynes)

2.-Que el problema expuesto se soluciona a través de la inyección de dinero en los bolsillos de los humildes, mediante instrumentos como los subsidios al desempleo,

RBA, Renta Básica Asegurada, Planes de apoyo social, o diferentes instrumentos del tipo.

3.-Que esos planes no solo le hacen un bien imprescindible a las familias de los necesitados, sino que le hace bien a los empresarios (porque tienen demanda efectiva y no meramente potencial) y le hace bien al gobierno, por que cobran más impuestos al incrementarse la actividad económica.

Pero lamentablemente pasa eso: Los votantes "malvados" eligen siempre a aquellos políticos que, a partir de su ignorancia propia, y en busca de la utilización de la ignorancia (y el odio) de los votantes malvados, aprovechan ese espacio y muchas veces logran hacerse con el poder político.

Es así. Esos votantes malvados, los cuales en general producen vergüenza ajena en la gente buena, esos votantes malvados, hacen muchísimo daño a toda la sociedad. Y a ellos mismos. Por supuesto.

3.2.11 Retraso, de parte de los políticos, en la comprensión del nuevo marco real y de las potencialidades reales de concretar "la vuelta al Edén"

3.2.11.1 *Caracterización del problema considerado*

Desgraciadamente los políticos, en general, en este tiempo, por maldad o por simple ignorancia, no quieren aceptar, la nueva realidad imperante:

Que el ser humano ha creado un sistema de producción en el cual, el trabajo humano necesario está absolutamente minimizado.

Esencialmente ha sido la Academia de Ingeniería la que ha generado un marco de conocimiento que ha posibilitado la robotización, en ejercicio o en potencia, de la casi totalidad de las actividades productivas.

Pero desgraciadamente la Academia de Economía, no ha estado a la altura. La Academia de Economía, impregnada de retrasos y rencores (esencialmente en su ala neoliberal, la cual es la protegida del establishment) no comprende la realidad de la situación.

No acepta (no quieren aceptar) que ya están dadas las condiciones para que "retornemos al Edén".

Como ya hemos dicho anteriormente: Si los políticos organizaran a la sociedad correctamente, bastaría que trabajáramos 2 horas por día. Desde el lunes a la tarde hasta el jueves a la mañana.

Esta posibilidad es una realidad absoluta. Es un bellísimo sueño hecho realidad.

3.2.11.2 *Caracterización de la solución propuesta*

Está todo listo para empezar la bellísima "fiesta de la vida".

Faltan los políticos inteligentes y valientes que sean capaces de actuar en el sentido correcto.

Hay que actuar en ese campo. Hay que informar a la sociedad de la situación real. Hay que crear partidos políticos que den cuerpo a ese vector

3.2.12 Excesiva distancia entre los ciudadanos y el ejercicio del poder político

3.2.12.1 Caracterización del problema considerado

El ciudadano ejerce poder político real, únicamente en el momento de la votación. De allí en más, durante los años que abarque el turno de gobierno, el ciudadano común queda totalmente aislado de las instancias de poder. Esta situación es actualmente innecesaria e injustificada, dado que se cuenta con recursos que permitirían situaciones de democratización masiva.

La transferencia del poder legislativo al ejercicio directo de la totalidad de los ciudadanos, legalmente capaces compone una alternativa plenamente considerable.

3.2.12.2 Caracterización de la solución propuesta

La reflexión sobre la participación ciudadana en la política es fundamental para el desarrollo de sistemas democráticos más inclusivos y representativos. La observación sobre el poder político ejercido únicamente en el momento de la votación es válida y destaca la necesidad de explorar formas de democratización más directas y continuas.

La tecnología moderna ofrece herramientas que podrían facilitar una mayor participación ciudadana en el proceso político más allá de las elecciones periódicas. Por ejemplo, se pueden implementar plataformas en línea para la participación ciudadana en la formulación de políticas, donde los ciudadanos puedan proponer ideas, debatir temas importantes y votar sobre decisiones específicas.

La transferencia del poder legislativo al ejercicio directo de la totalidad de los ciudadanos es una propuesta interesante que busca aumentar la participación democrática y garantizar una mayor representatividad en la toma de decisiones. Por supuesto que esto requeriría un marco legal y constitucional sólido, así como mecanismos efectivos para garantizar la inclusión y la equidad en el proceso.

En última instancia, la democratización masiva y la transferencia del poder legislativo al pueblo requieren un compromiso sólido con los principios democráticos, así como un diálogo continuo entre los ciudadanos, los líderes políticos y las instituciones gubernamentales para diseñar sistemas que reflejen verdaderamente la voluntad del pueblo y promuevan el bienestar común.

3.2.13 El desinterés de los ciudadanos por el tema político, deja abierta la posibilidad de acceso al poder político de gente con muy poca formación y/o bajísima vocación de servicio

3.2.13.1 Caracterización del problema considerado

El desinterés de los ciudadanos por la política es un fenómeno preocupante que puede tener varias ramificaciones en la calidad de la democracia y en la cracterología típica de los líderes políticos. Cuando los ciudadanos no participan activamente en el proceso político, ya sea votando, educándose sobre los problemas políticos o involucrándose en la comunidad, puede dejar espacio para que personas con poca formación o intenciones cuestionables accedan al poder político.

Este desinterés puede ser resultado de una serie de factores, como la desconfianza en el sistema político, la falta de acceso a la información, la percepción de que la política no afecta sus vidas directamente o el cansancio por la corrupción en la política.

Cuando los ciudadanos no participan activamente en la política, puede haber una tendencia a votar por candidatos elegidos en función de factores superficiales como la popularidad o el carisma en lugar de evaluar su capacidad, experiencia y propuestas políticas. Esto puede llevar a la elección de líderes políticos poco cualificados o incluso a la perpetuación de la corrupción y el clientelismo.

3.2.13.2 Caracterización de la solución propuesta

Para abordar este problema, es importante promover la educación cívica y política desde una edad temprana, para que los ciudadanos comprendan la importancia de su participación en el proceso democrático y estén equipados para tomar decisiones informadas. Además, se deben tomar medidas para aumentar la transparencia y la rendición de cuentas en el gobierno, de modo que los ciudadanos confíen en que sus líderes están trabajando en su interés.

Fomentar una cultura de compromiso cívico y fortalecer la confianza en las instituciones democráticas son pasos fundamentales para asegurar que el poder político esté en manos de personas con la formación y la integridad necesarias para gobernar eficazmente y representar los intereses de todos los ciudadanos.

Entre los componentes a considerar en un sistema político, podríamos mencionar:

1. Todos los ciudadanos podrán ser candidatos a un puesto politico en el poder ejecutivo o en el legislativo. A nivel municipal, provincial o nacional. pero. Para poder ser candidatos, tendrán que tener la secundaria completa (en cualquiera de sus ramas)

2.-El sueldo máximo de un puesto politico (diputado, senador, concejal, intendente, presidente, gobernador, etc) será el de un maestro de grado con diez años de antigüedad.

3. El funcionario político que se apropia indebidamente de fondos públicos (robó al erario público), sufrirá penas de prision no excarcelable. A cumplir de inmediato. Se quitan todas las protecciones de fuero político, por delitos de ese tenor. El político que quiera ganar más mediante robo al erario público. Va preso. Ni bien queda firme la sentencia. No excarcelable.

4.   Propuesta de nuevo sistema político

El problema político de algunos países es la inexistencia de amor nacional como un valor de consideración positiva y de presencia extendida. Vale aclarar que la Argentina es un caso paradigmático en esa patología social. Por eso los legisladores, en diversas oportunidades, votan en contra del mandato de los ciudadanos que los votaron.

Por eso cualquier funcionario del poder ejecutivo puede ser comitente de una acción de cohecho (coima). Este problema se resuelve con el nuevo sistema, que en este trabajo se propone.

Resaltemos en primera instancia que, aunque en el sistema propuesto se mantiene la división de poderes, se modifica tanto la sistemia de los diferentes poderes constituvos del gobierno nacional, como la relación entre los mismos

El poder ejecutivo será ejercido por el Presidente de la Nación y será ejecutado por una estructura privada, una Mega Consultora Ejecutiva.

Esta Mega Consultora Ejecutiva será una empresa privada. Será elegida por el partido político que gane las elecciones

La mega consultora cumplirá todas las funciones inherentes al poder ejecutivo. Con todos los ministerios, y demás organismos pertinentes.

Las misiones y funciones tanto del Poder Ejecutivo Nacional, en su unicidad, como de todos y cada uno de los organismos constitutivos del mencionado Poder Ejecutivo Nacional, serán establecidos por autoridad constitucional.

La estructura operativa del Poder Ejecutivo Nacional y de los organismos constitutivos, serán definidos por la Mega Consultora Ejecutiva. Sometido a aprobación por parte del Congreso Nacional.

Las actividades de la Mega Consultora Ejecutiva serán auditadas, de manera continua, por una Auditora Nacional.

La Auditora Nacional será un órganismo político.

Tanto la misión y funciones de la Auditoría Nacional, como su estructura operativa, y los cargos integrantes de la misma, serán establecidos con autoridad constitucional.

También constitucionalmente se fijarán las condiciones a satisfacer, sobre cada puesto, para ser nombrado integrante de la Auditori Nacional.

Para ser electo como integrante de la Auditoría Nacional, se deberá contar con título habilitante pertinente, según se haya definido constitucionalmente.

Por mandato constitucional será prohibido el nombramiento o utilización de servicios de asesores de ningún tipo ni la contratación de servicios de consultoría por parte de la Auditoría Nacional.

Las tareas de la Auditoría Nacional, serán a su vez, auditadas de manera continua por una Auditoria Mayor, la cual hará fe por delegación de las Naciones Unidas, en cuyo marco operarán.

La única autoridad que estará por encima de la Auditoría Mayor será el Congreso Nacional.

El Congreso Nacional, por causas justificatorias de muy alta trascendencia, podrá desautorizar a la Auditoría Mayor. La sanción máxima será la disolución total y permanente de la Auditoría Mayor. En este caso, el cual deberá estar suficientemente fundado, se dará información tanto al Presidente de la Nación, como a la Audiencia Nacional . Como así también se informará a la Naciones Unidas con quien se acordarán las condiciones de continuación del sistema.

El Congreso Nacional estará constituido por la totalidad de los ciudadanos habilitados para intervenir como diputados nacionales. Las condiciones serán ciudadanía nacional, mayoría de edad y formación básica certificada (primario completo)

Todos lo costos resultantes de la operación del Estado Nacional, sobre todos sus componentes, serán sufragados con cargo al Presupuesto General de la Nación

4.1. Sistema operativo

El sistema operativo estará constituido por los siguientes componentes:

- Poder Legislativo
- Poder Ejecutivo
- Poder Judicial
- Poder de auditoria

4.1.1 Poder legislativo

El Poder Legislativo estará constituido por una única cámara. La Cámara de Diputados

El Poder Legislativo estará constituido por dos componentes

- Componente político
- Componente administrativo. Consultora Legislativa. Servicio prestado por una empresa privada

4.1.1.1   Componente político

El componente político del Poder Legislativo estará constituido por:

- Congreso Nacional.
- Mesa de Gestión legislativa

Congreso Nacional

Tanto la Misión y Funciones como la estructura operativa del Congreso Nacional, serán determinados por autoridad constitucional.

Como decíamos previamente, el Congreso Nacional estará constituido por la totalidad de los ciudadanos habilitados para intervenir. Las condiciones para poder actuar como diputados nacionales serán poseer ciudadanía nacional, ser mayor de edad y poseer formación básica certificada (primario completo o justificante de idoneidad, como mínimo).

Las sesiones del Congreso Nacional se concretarán por Zoom (o sistema del tipo).

La MGL, Mesa de Gestión Legislativa, con todos los RGL, Representantes de Gestión Legislativa, estará presente en cada sesión plenaria del gobierno.

Las sesiones plenarias del Congreso Nacional, serán , simultáneamente presenciales y online.

En el componente presencial se contará con la presencia obligatoria de todos los RGL, Representantes de Gestión Legislativa y de todos los RGC, Responsables de Gestión Comisional, de todos y cada uno de los partidos políticos con representación.

En el componente online podrán participar todos los diputados (vale decir todos los ciudadanos , mayores de edad con educación primaria).

El componente online será implementado via zoom o sistema similar.

 Nota de referencia: Todo acto dispositivo que involucre translación de dominio o imposición de cargas reales que afecten a bienes del Estado Nacional, exigirán el tratamiento y la aprobación del Congreso Nacional, por mayoría calificada.

Mesa de Gestión legislativa

El Congreso tendrá una estructura permanente constituida por la MGL Mesa de Gestión Legislativa. La MGL estará constituida por un RGL, Representante de Gestión Legislativa por cada uno de los partidos políticos que hayan superado el 5% de los votos.

Cada partido político contará con un RGL, Responsable de Gestión Legislativa.

La presidencia de la MGL será ejercida por el RGL perteneciente al partido más votado en las elecciones causantes.

Por autoridad constitucional se determinaran cuales serán las comisiones legislativas a implementar, su cuadro de misión y funciones, y la estructura de las mismas.

Se determinarán asimismo, cuáles serán las condiciones que se deberán cumplir para poder ser electo RGC de una comisión en especial

Las reuniones de todas y cada una de las comisiones legislativas, serán , simultáneamente presenciales y online.

En el componente presencial se contará con la presencia obligatoria de todos los RGC, Responsables de Gestión Comisional, de todos y cada uno de los partidos políticos con representación.

En el componente online podrán participar todos los diputados (ciudadanos mayores de edad con educación habilitante) que se hubieren inscripto en la comisión correspondiente. Para participar de las diferentes comisiones los diputados (ciudadanos habilitados) deberán cumplir con las mismas condiciones impuestas a los RGC.

Cada partido político contará con un RGC, Responsable de Gestión Comisional, por cada una de las comisiones.

Con raigambre constitucional se determinará cuáles serán las competencias que deberá aquilatar quien sea candidato a RGL y a RGC.

Por mandato constitucional estará prohibido el nombramiento o utilización de servicios de asesores de ningún tipo ni la contratación de servicios de consultoría por parte del Poder Legislativo Nacional.

Los proyectos de ley se implementarán y tratarán por iniciativa presidencial o por iniciativa de cualquier diputado, de un RGL o de un RGC.

El Congreso Nacional será auditado por la Auditoría Nacional.

La presidencia de la MGL será ejercida por el RGL, Responsable de Gestión Legislativa, perteneciente al partido político que haya obtenido más votos en la elecciones generales causales.

4.1.1.2 *Componente administrativo. Consultora Legislativa. Servicio prestado por una empresa privada*

La Consultora Legislativa será una mega consultora, empresa privada, la cual desarrollará todas las tareas de administración y gestión, bajo la coordinación directa de la MGL, Mesa de Gestión Legislativa y dentro del marco establecido por el Congreso Nacional

4.1.1.3   *Auditoría continua sobre el Poder Legislativo*

Las actividades del Poder Legislativo, sobre todos y cada uno de sus componentes sistémicos, serán auditados, de manera continua, por la Auditoría General

4.1.2   Poder ejecutivo

El cuadro de misión y funciones del Poder Ejecutivo Nacional, tanto en lo que hace a su unicidad, como en lo que se refiere a todos y cada uno de sus organismos constitutivos, serán establecidos por autoridad constitucional.

El poder ejecutivo será ejercido por el Presidente de la Nación y será ejecutado por una estructura privada, la Consultora Ejecutiva.

El Poder Ejecutivo estará constituido por dos componentes

- Componente político
- Componente administrativo. Consultora Ejecutiva. Servicio prestado por una empresa privada

4.1.2.1   *Componente político*

El componente político del Poder Ejecutivo estará constituido por:

- Presidente de la Nación
- Mesa de Gestión Ejecutiva

Presidente de la Nación

El objetivo sistémico fundamental del Presidente de la Nación, será el de ser el responsable de la administración efectiva del Estado Nacional.

Con raigambre constitucional se determinará cuáles serán las competencias que deberá aquilatar quien sea candidato a Presidente de la Nación.

Mesa de Gestión Ejecutiva

La estructura operativa efectiva del Poder Ejecutivo Nacional y de los organismos constitutivos será sometido a aprobación por parte del Congreso Nacional.

El Poder Ejecutivo tendrá una estructura permanente constituida por la MGE Mesa de Gestión Ejecutiva. La MGE estará constituida por un RGE, Representante de Gestión Ejecutiva por cada uno de los ministerios componentes del Poder Ejecutivo.

Los RGE serán cargos electivos.

La objetivo sistémico fundamental de la MGE será concretar la vinculación entre el Presidente de la Nación y la Mega Consultora Ejecutiva

Con raigambre constitucional se determinará cuáles serán las competencias que deberé aquilatar quien sea candidato a RGE.

Por mandato constitucional estará prohibido el nombramiento o utilización de servicios de asesores de ningún tipo ni la contratación de servicios de consultoría por parte del Poder Legislativo Nacional.

La presidencia de la MGE será ejercida por el RGE que designe el Presidente de la Nación.

4.1.2.2 *Componente administrativo. Consultora Ejecutiva. Servicio prestado por una empresa privada*

Esta Mega Consultora Ejecutiva será una empresa privada la cual podrá ser nacional o extranjera. Será elegida por el partido político que gane las elecciones

La mega consultora cumplirá todas las funciones inherentes al poder ejecutivo. Con todos los ministerios, y demás organismos pertinentes.

Esta Mega Consultora Ejecutiva será una empresa privada la cual podrá ser nacional o extranjera. Será elegida por el partido político que gane las elecciones

La mega consultora cumplirá todas las funciones inherentes al poder ejecutivo. Con todos los ministerios, y demás organismos pertinentes.

4.1.2.3 *Auditoría continua sobre el Poder Ejecutivo*

Las actividades del Poder Ejecutivo, sobre todos y cada uno de sus componentes sistémicos, serán auditados, de manera continua, por la Auditoría General

4.1.3 Poder judicial

El cuadro de misión y funciones tanto del Poder Judicial, en su unicidad, como de todos y cada uno de los organismos constitutivos, serán establecidos por autoridad constitucional.

El Poder Judicial estará constituido por dos componentes

- Mesa de Gestión Judicial. Ejercera la conducción y control global del sistema judicial.
- Componente de operación integral del sistema judicial. Consultora Judicial. Servicio prestado por una empresa privada. Trabajara bajo la conducción y el control global de la MGJ, Mesa de Gestión Judicial

4.1.3.1 *Mesa de Gestión Judicial*

El poder judicial será ejercido por una Mesa de Gestión Judicial, constituida por un conjunto de tres RPJ, Responsable del Poder Judicial. Los RPJ serán cargos electivos.

La presidencia de la MGJ será ejercida por cada uno de los RPJ integrantes de la Misma. Serán turnos anuales

4.1.3.2 *Componente de operación integral del sistema judicial. Consultora Judicial. Servicio prestado por una empresa privada*

Las actividades vinculadas con la provisión de justicia serán munidas por una estructura privada, la Consultora Judicial. La Consultora Judicial trabajara bajo el control global y la coordinación general de la Mesa de Gestión Judicial.

4.1.3.3 *Máxima autoridad en el Poder Judicial. Suprema Corte de Justicia*

Dentro de lo que competa continuará vigente el cuadro de Misión y Funciones de la Suprema Corte de Justicia.

La Suprema Corte de Justicia será la máxima autoridad del Poder Judicial

Por encima de la Suprema Corte de Justicia solo se encontrará el Congreso Nacional (la virtual totalidad de los ciudadanos)

Los jueces de la Suprema Corte serán elegidos por el Congreso Nacional

4.1.3.4 *Auditoria continua del Poder Judicial*

Las actividades de la Consultora Judicial y de los demás órganos del Poder Judicial, serán auditadas de manera continua por la Auditoría Nacional

4.1.4 Poder de auditoria

El Poder de Auditoría será ejercido por :

- Auditoría Nacional
- Auditoría Mayor

4.1.4.1 *Auditoría Nacional*

Las actividades de las 3 Mega Consultoras, la Ejecutiva, la Legislativa y la Judicial serán auditadas, de manera continua, por una Auditora Nacional.

La Auditora Nacional será un organismo político.

Tanto el cuadro de misión y funciones de la Auditoría Nacional, como su estructura operativa, y los cargos integrantes de la misma, serán establecidos por autoridad constitucional.

También constitucionalmente se fijarán las condiciones a satisfacer, sobre cada puesto, para ser nombrado integrante de la Auditoria Nacional.

Para ser electo como integrante de la Auditoría Nacional, se deberá contar con título habilitante pertinente, según se haya definido constitucionalmente.

Por mandato constitucional será prohibido el nombramiento o utilización de servicios de asesores de ningún tipo ni la contratación de servicios de consultoría por parte de la Auditoría Nacional.

4.1.4.2 Auditoría Mayor

Las tareas de la Auditoría Nacional, serán a su vez, auditadas de manera continua por una Auditoria Mayor, la cual hará fe por delegación de las Naciones Unidas, en cuyo marco operarán.

La única autoridad que estará por encima de la Auditoría Mayor será el Congreso Nacional.

4.2. Ventajas esperables del sistema gubernamental propuesto

Entre las ventajas esperables del sistema político propuesto, podemos mencionar:

- Las consultoras operativas constituirán estructuras administrativas y de gestión absolutamente de punta y de máxima eficiencia.
- Es muy probable que el costo administrativo global del sistema a implementar puede llegar a resultar sustantivamente menor que el imperante en los sistemas tradicionales.
- Se crea un sistema de gobierno del Estado Nacional sumamente ágil en su operatividad
- Se acerca a la ciudadanía el ejercicio del poder político. Democracia directa.
- Se protegerán los bienes del Estado Nacional.
- Los que deseen acceder a la actividad política deberán estar formado para el puesto para el que se ofrecen.
- Se minimizarán los gastos asociados a asesorías y a la sufragación de gastos superfluos.
- Se incrementará la eficacia y seguramente también la efuciecia global del sistema de gobierno

5. Conclusiones

El presente trabajo aborda un extenso análisis de la fenomenología política, comenzando con fundamentos filosóficos y políticos y avanzando hacia una propuesta para un nuevo sistema político. A continuación, se resumen las principales conclusiones derivadas de este análisis:

1. Integración de Marcos Teóricos Fundamentales y Operativos

El estudio establece una sólida base teórica, integrando las contribuciones filosóficas y políticas de pensadores clave como Rousseau y

Montesquieu. La teoría del contrato social y la división de poderes proporcionan un marco esencial para comprender las estructuras políticas actuales. Además, el marco teórico operativo examina las formas de gobierno y las diferentes mecánicas de relación política, subrayando cómo estas estructuras influyen en la dinámica política de los países.

Conclusión Clave: La combinación de fundamentos filosóficos y operativos es crucial para entender y eventualmente reformar los sistemas políticos contemporáneos. Este enfoque dual permite una comprensión profunda de cómo las teorías clásicas pueden aplicarse a las realidades políticas modernas.

2. Problemas Críticos en el Ámbito Político Actual

El libro identifica y caracteriza una serie de problemas fundamentales que afectan a las sociedades y a sus sistemas políticos, con un énfasis particular en la situación de los países en desarrollo y aquellos con herencia hispánica. Entre estos problemas destacan:

- Subdesarrollo y Falta de Honor Nacional: El subdesarrollo es presentado como un agresor crucial que afecta a gran parte de la humanidad. Por otra parte, la inoculación de la leyenda negra española es destacada como un factor que ha erosionado el honor nacional y la cohesión en las clases dirigentes de países de raíz hispánica.
- Degradación del Marco Motivacional de los Políticos: Se aborda la corrupción y el deterioro de los objetivos de los líderes políticos, señalando cómo estos factores desvían la política de su propósito original de servir al bien común.
- Crisis del Sistema Partidocrático y Baja Calidad de los Asesores: La partidocracia se describe como un sistema que fomenta el poder difuso y poco responsable, mientras que la baja calidad de los asesores políticos compromete la toma de decisiones efectivas.
- Falta de Sanción y Voto Enfermo: Se analiza la incapacidad de la sociedad para sancionar a los partidos corruptos y se describe una serie de "síndromes" que afectan el comportamiento del votante, incluyendo aspiraciones arribistas, adulación social, envidia y malicia.
- Desconexión y Desinterés Ciudadano: La excesiva distancia entre ciudadanos y el poder político, junto con el desinterés por la política, son identificados como barreras significativas para la participación democrática efectiva.

Conclusión Clave: La identificación de estos problemas proporciona una visión crítica de las fallas sistémicas que deben abordarse para mejorar la eficacia y la justicia de los sistemas políticos contemporáneos.

3. Propuesta de un Nuevo Sistema Político

El autor propone un nuevo sistema político diseñado para superar los problemas identificados. Este sistema se basa en varios componentes clave:

- Reestructuración del Poder Legislativo y Ejecutivo: La propuesta incluye una reorganización detallada de cómo deben funcionar estos poderes para ser más eficientes y responsables.
- Rol de la Consultoría Ejecutiva y Auditoría Continua: Se sugiere la incorporación de empresas privadas para proporcionar servicios consultivos al ejecutivo, así como un sistema de auditoría continua para asegurar la transparencia y la responsabilidad.
- Fortalecimiento del Poder Judicial y de Auditoría: El sistema propuesto enfatiza la necesidad de un poder judicial robusto e independiente, junto con un poder de auditoría que monitoree constantemente las actividades gubernamentales.

Conclusión Clave: La implementación de este sistema podría ofrecer ventajas significativas, como una mayor eficiencia gubernamental, una mejor rendición de cuentas y una reducción de la corrupción. El enfoque innovador en la consultoría privada y la auditoría continua subraya un intento de modernizar y dinamizar la gestión pública.

4. Reflexiones Finales

En resumen, el libro presenta una visión crítica y constructiva sobre el estado actual de los sistemas políticos y ofrece una propuesta detallada para su reforma. Se destaca la importancia de combinar teoría y práctica, reconocer y abordar los problemas sistémicos, y proponer soluciones innovadoras que promuevan una gobernanza más eficaz y justa.

Conclusión Final: La reforma política debe basarse en una comprensión profunda de las teorías políticas fundamentales y operativas, y debe estar orientada a resolver los problemas críticos de manera innovadora y efectiva. Este enfoque holístico es esencial para construir sistemas políticos que realmente sirvan a las necesidades de la sociedad contemporánea.

Este es el tema esencial: La felicidad en el ser humano, se concreta cuando este logra dar satisfacción a sus necesidades espirituales y materiales.

Tenemos claro que el logro concreto de la felicidad global plasmara efectivamente:

- Cuando toda la humanidad esté asentada en un aparato productivo consistente y suficiente. Cuando no exista ni un solo país subdesarrollado, en todo el mundo
- Cuando todos los principios filosóficos encuadrados en el Monismo Espiritualista, hayan sido comprendidos por todos los seres humanos.
- Cuando el sistema de gobierno acá propuesto se haya implementado, a lo largo y a lo ancho de nuestro querido planeta.

Pues bien. En eso estamos.

Podemos coincidir en que ya se perciben en el horizonte las luces del nuevo tiempo de los seres humanos en general. Y así es. De la comprensión de la mecánica de los acontecimiento, están brotando las bellísimas flores de un porvenir venturoso

Hacia allí vamos.

Con más fuerza que nunca.

Gracias a Dios¡¡¡¡¡¡¡

www.ingramcontent.com/pod-product-compliance
Lightning Source LLC
Chambersburg PA
CBHW081024260726
48662CB00026B/3076